हिस्टीरिया

[पहला कहानी-संग्रह]

हिस्टीरिया

सविता पाठक

लोकभारती प्रकाशन

लोकभारती प्रकाशन
पहली मंजिल, दरबारी बिल्डिंग, महात्मा गांधी मार्ग
प्रयागराज-211 001
वेबसाइट : www.lokbhartiprakashan.com
ईमेल : info@lokbhartiprakashan.com

शाखाएँ : 1-बी, नेताजी सुभाष मार्ग, दरियागंज
नई दिल्ली-110 002
अशोक राजपथ, साइंस कॉलेज के सामने
पटना-800 006
36 ए, शेक्सपियर सरणी, कोलकाता-700 017

पहला संस्करण : 2022

मुद्रक : बी.के. ऑफसेट
नवीन शाहदरा, दिल्ली-110 032

HISTIRIYA
Stories by Savita Pathak

ISBN : 978-93-93186-69-1

मूल्य: ₹495

देवव्रत सेन की
याद को
समर्पित...

हिस्टीरिया

फूला-सुन्ता नाचने के लिए खड़ी हुईं। आँगन सबकी भीड़ से कस गया। 'पा हटा, पाछे हटा' कहके अरुन की अम्मा ने भीड़ को नियन्त्रित किया। बिन चाचा की बारात विदा हुए अभी मुश्किल से घंटा भर हुआ है। दूल्हे की जी में गाँव के बाग के दो चक्कर गाँव की बहुओं ने भी लगाए। ड्राइवर साहब भौजाइयों से बख्शीश लेने में कोई कोर-कसर नहीं छोड़ी। बारात विदा कर का अर्थ यहाँ कुछ पल के लिए गाँव भर के मर्दों को विदा करना है। वै इसमें खेती-किसानी और भैंस-सानी में खप गए मर्द नहीं आते थे। जैसेवि बाँसू कक्का या रामजोई। जो भी हो, इस दिन ही इन्हें अपने मर्द होने का हव मिलता। गाँव में थोड़ी देर के लिए छा जाता है स्त्री-राज। मर्दों के ढेरों रूप ध स्त्रियाँ। शीला बुआ ने तो हद ही कर दी। कपड़े का शिश्न बनाकर औरतों वे पीछे दौड़ने लगीं। माया बुआ तो सबकी उस्ताद। ऐसे मौकों पर वह तो भाई बाप, किसी को नहीं छोड़तीं। 'दमा मार ल भइया—बहिन लागी।' हर अन्तर ऐसा कि पोर्नोग्राफी की कोई किताब शरमा जाए।

अर्चना को अन्दाजा था इस सबका। बचपन से यह लीला देखती आई है बारात जाने के बाद वह चुपचाप चादर ओढ़कर लेट गई, लेकिन फूला-सुन्त का नाम सुनकर वह भी उठ बैठी। न-न, फूला-सुन्ता बनारस से नहीं थीं... शुत्र

है, वे अब नहीं आतीं। वैसे भी अब जमाना काफी बदल गया है।

फूला-सुन्ता दो सहेलियों का नाम है। कहते हैं, चार गाँव लाँघकर यह शादी-ब्याह में शामिल हो ही जाती हैं। अर्चना ने इनके बारे में बहुत कुछ सुना था। बहुत कुछ यानी, कुछ भी नहीं। मसलन वे कितने तक पढ़ी हैं, कैसे वे घर-बार से विलग यूँ शादी-ब्याह में नाचने गाने लगीं, लेकिन उसने वह सुन रखा था, जो हर सूचना पर भारी पड़ता था। वे बहुत फेमस थीं। फेमस मतलब उनके बारे में सबको पता है। अर्चना ने तय किया था कि वह फेमस लोगों से कोई मतलब नहीं रखेगी, लेकिन फूला-सुन्ता का नाच देखने से कौन खुद को रोक सकता है? उसने सुन रखा था, वे जब नाचती हैं तो नागिन की तरह लोट जाती हैं। पाँव पटकती हैं तो महुआ झरने लगता है। उनके गीत कलमी आम की तरह खटमिट्ठे हैं।

फूला-सुन्ता ने दो जोड़ी घुंघरुओं की छागल एक-एक पाँव में बाँध लिया, मानो दोनों के अलग-अलग पाँव न हों! अपने संयमित स्वभाव के लिए मशहूर दुलहिन अम्मा ने चश्मा ठीक किया और आगे आकर खड़ी हो गईं। अर्चना बस फूला-सुन्ता को निहार रही थी। फूला खूब गोरी, आँखों में काजल, हल्की-सी धानी साड़ी पहने और सुन्ता सँवराई-सी हल्की ललछहूँ (लाल रंग) साड़ी में थी। कान में दोनों ने एक तरह का बड़ा-सा पीतल का बाला पहना था।

सुन्ता पनवाड़ी भोला की लड़की थी और फूला पंडित शिवराम प्रसाद तिवारी की बेटी। गाँव की प्राइमरी पाठशाला में दोनों ने एक साथ पढ़ाई की थी। कहते हैं, यहीं के पोखर में आधे खड़े होकर उन्होंने एक पान आधा-आधा खाया था। बस, तब से वे सखी हैं। सचमुच उन्होंने कभी एक दूसरे का नाम न लिया। एक दूसरे को सखी ही कहा। प्राइमरी स्कूल के गाने की प्रतियोगिता में वे हमेशा अव्वल आती थीं। पंडित जी यानी स्कूल के हेड मास्टर साहब ने पुरस्कार में उन्हें वह दिया जिसने उन्हें सारी उम्र के लिए फेमस कर दिया। मासूम बच्चियों को इनाम में पेन की एक रिफिल दी और बदले में अपने कुकृत्यों से स्कूल की दीवारों पर लिखे सुन्दर वाक्यों पर कालिख पोत दी। 'लौंडा बदनाम हुआ नसीमन तेरे लिए' से लेकर 'तेरी बजती ढोलकिया

क्रम

देखकर नाचन चली आई ओ बालमा'। महफिल जम चुकी थी। फिर उन्होंने छेड़ा धोबिया का निर्गुन। 'उपरा से मलमल के तन धोया, तनि भितरौ से धोय नावा तब जानी'। असंख्य गीत। घुँघरू की आवाज और पाँव की जमीन से ऐसी रगड़ कि पूरे गाँव में घुंघरू की आवाज गूँज उठी। फूला-सुन्ता तो चली गईं, लेकिन अर्चना में थोड़ा-सा बस गईं। उस दिन से ठीक जैसे बचपन में ट्यूबवेल की पक-पक, भक-भक उसको पानी की तरफ खींच ले जाती थी, वैसे ही घुंघरू की आवाज उसको खींचने लगी। जी करता, पाँव में छत्तीस पीतल के घुँघरुओं की डोरी बाँधकर फूला-सुन्ता की तरह पाँव जमीन पर थरथराए। देखे तो सही, उसके पाँवों की थिरकन से तलैया कहीं काँपती है या नहीं!

तलैया तो नहीं काँपी। काँपनी भी नहीं थी।

बचपन में उसकी ताई यानी गाँव भर की मौसी ने एक बार समझाया था : सरस्वती चूड़ी की दुश्मन होती हैं। ताई अपने जमाने की तीसरी पास थीं। बड़ी सुन्दर बारीक-सी लिखावट थी उनकी। कहने लगीं, 'बाबू स्कूल भेजय के बहुत कोसिस किहेन, हमहिं न नाय गए। लड़कैंया रही। स्कूल ग होइत त आज काहे के दुसरे के मुँह जोहित?' फिर झट अपना मुँह आँचल से पोंछ लेतीं, मानो बेटे-बहू की उपेक्षा जग जाहिर न करना चाहती हों!

होता यूँ था कि शादी-ब्याह में मनहारिन अम्मा की चूड़ियों से भरी टोकरी अर्चना को बहुत आकर्षित करती थी। हरी-नीली-लाल काँच की चूड़ियाँ, उस पर कहीं-कहीं सुनहरे बूटे। उनके आते ही बच्चे घेरकर बैठ जाते। काँच की चूड़ियों की तरह मनहारिन अम्मा की बातें भी खूब खनकदार थीं। रंग-बिरंगी डिब्बियों का खजाना और कपड़े की तह के नीचे और कीमती खजाना। अर्चना को उनकी दौरी इस दुनिया की सबसे रहस्यमयी दुनिया लगती, पर उम्र बढ़ने के साथ उसने इस दौरी को भी देखना लगभग बन्द कर दिया था। उसे इतना समझ आ गया था कि विद्या माता के सहारे ही वह अच्छी जिन्दगी जी सकती है। वैसे तो यह दौरी सभी औरतों के लिए कौतुक भरा खजाना ही था। चूड़ी पहननी हो या न पहननी हो, लेकिन देखने में क्या जाता है! बचपन में तो लड़के भी दौरी घेरकर बैठ जाते थे। शुरू-शुरू में उनको एकाध काली चूड़ी

पहनाकर बहला दिया जाता था। और बाद में मर्द चूड़ी नहीं पहनते, कहकर फटकारा जाता। इन्हीं सबके बीच मौसी ने कहा था, जो लड़कियाँ साज-शृंगार में लगी रहती हैं, उनके पास विद्या माता नहीं आती। विद्या माता को चूड़ी से सौतिया डाह है। उस दिन से अर्चना ने चूड़ी को यूँ देखा, जैसे वह विद्या माता का आशीर्वाद छीनने आई हो! जब कभी उसने अपने हाथों में चूड़ियाँ डालीं, उसकी खनक खुशी और भय की अजीब पहेली में बदल गई। और इन चूड़ियों के रहस्य का सिरा उसे फिर कभी न मिला।

नींद अपने उफान पर थी। अचानक उसे लगा कि वह जोर से बिस्तर पर से गिरी। उसकी चीख निकल गई। नाउन ने कसकर उसको दबाया। पूरे मंडप में खुसुर-पुसुर शुरू हो गई। अर्चना के हाथ चूड़ियों से भरे थे और पाँव बारीक घुँघरुओं के छागल से, लेकिन न पाँव में नाचने की ताकत थी और न ही हाथों में खनकने की। अभी शाम को ही तो बारात आई थी उसकी। दसवीं कक्षा में प्रथम आने का उपहार था यह विवाह। विद्या माता गाँव के सरपत में शायद रास्ता भटक गई थीं। कभी रंग-बिरंगे कपड़े उसको ललचाते तो कभी डराते। देर रात तक महिलाएँ इकट्ठा होकर नाचतीं-गातीं। इन सबके बीच वे अचानक एक करुण राग छेड़ देतीं, जिससे हर चीज उदासी में भर जाती : 'कस रात अइले हो रामा, रेंगनी के हो कंटवा।' (कैसी रात आई है ईश्वर, जैसे रेंगनी का काँटा चुभ रहा हो!) 'आजु तो अइहैं ओ बेटी जुलमी मलहवा, गंगा बीच जलिया हो डरिहैं, होइ जाबू सपनवा।' दिन में चावल चुनते हुए भी वही करुण राग। सदियों से यह करुण राग गाया जा रहा था। अर्चना को पक्का यकीन था कि चावल के दानों में भी उदासी भर गई है।

'बारात आइ ग' का शोर मचा। उसका मन फिर से बाजे-गाजे की धुन में खो गया। वह भी सबकी तरह छत पर गई। इतनी रोशनी, गाँव की अँधियारी रात में। ऐसा उत्सव। दूल्हा रथ से आया है। (अर्चना ने भी कभी रथ नहीं देखा था।) लेकिन यह तो उसी की बारात है।

हिस्टीरिया दरअसल सेक्स की बीमारी है, मास्टर चन्द्रभान ने सबकी जानकारी में इजाफा किया। वह स्वयं महिलाओं की हर समस्या को हिस्टीरिया ही समझते थे और स्वयं को इस इलाज में पारंगत।

अर्चना के दाँत बैठ गए थे, शरीर अकड़ता जा रहा था। अब नाउन के बस में उसको दबाना न रहा। मंडप में बैठे सब लोग उसको पकड़ने टूट पड़े। दो-दो लोगों ने मिलकर उसके पाँव पकड़े, लेकिन उसके शरीर में अदृश्य ताकत भर गई। ऐसा लग रहा था, जैसे कोई शेरनी कमजोर पिंजड़े को तोड़ देगी! 'हूँ-हूँ' की हुंकार के साथ अर्चना चिल्ला रही थी : 'तूने मेरा मन्दिर क्यों नहीं बनवाया?' अम्मा-बाबू समेत घर के सब लोग पुरानी मनौतियाँ याद करके देवी को दुहाई दे रहे थे। बारात उठ चुकी थी। मंडप के बीचोबीच बाँधे गए काठ के सुग्गे को भी काठ मार गया। उसे भी किसी ने नहीं लूटा। अर्चना जोर-जोर से चीख रही थी। शब्द और वाक्य सिर्फ बड़बड़ाहट ही लग रहे थे। फिर वह जोर-जोर से रोने लगी। रोते-रोते वह पुरानी अर्चना में तब्दील हो गई। पीली साड़ी में लिपटी इस झुराई से लड़की में जैसे कोई जान न थी। कसकर पकड़नेवालों को भी अर्चना के कमजोर हाथ-पाँव पर तरस आ गया। बहरहाल बाजार से आए डॉक्टर साहब ने इंजेक्शन लगाया, और अर्चना सो गई। उसे गहरी नींद आ गई।

अगली सुबह पूरे घर-गाँव के लिए मनहूस थी। इससे पहले गाँव से कोई बारात यूँ नहीं लौटी थी, लेकिन अर्चना के लिए कुछ भी ऐसा नहीं था। उसे तो एक लाइसेंस मिल गया था : जब-तब मुस्कुराने का। सनई के बीजों को बाँधकर नाचने लगती। देवी का प्रकोप जानकर घरवालों ने मन्दिर बनवाया। नाटक समझकर छोटे चाचा ने बाँस की कइन से पीटा, लेकिन उस पर कोई असर नहीं हुआ।

दिन बीते, अर्चना भी थोड़ा सँभलने लगी। अम्मा ने समझाया, 'बिटिया, रामराजी फुआ ससुरे से लउट आइ रहिन, देखा आज उनकर हालत? दिन भर गोबर पाथत बीतत बा।'

यह बात अर्चना के लिए नई नहीं। गाँव की हर लड़की को रामराजी फुआ

का उदाहरण दिया जाता था। पता नहीं, सच क्या है? फुआ आज से पैंतीस साल पहले क्यों लौटी रही होंगी? कहते हैं, ससुराल से रोते-रोते अपने बाबू के एक्का के पीछे-पीछे भाग आई थीं। उसके बाद उन्हें कोई लेने नहीं आया। जहाँ गाय-गोरू बँधे थे, वहीं एक कोठरी में रहती हैं। अर्चना को तो वह एकदम खड़ूस लगती हैं। उनके घरवाले चाहे उनको एक रोटी गत से न दें लेकिन मजाल कोई एक खर भी उस घर का उठा ले!

'पहरेदार हम उनके नाहे के होइत तो कुल बेच देइत।' अर्चना खिलखिलाकर माँ को चिढ़ाती।

अम्मा जब अर्चना को समझा न पातीं तो आप ही बड़बड़ाने लगतीं, 'कुल दोस हमरै अहै। न स्कूलै भेजे होइत, न इ दिन देखित।' वैसे अम्मा अपना दोष जिसे मानती थीं, उसी को फिर-फिर करतीं। ग्यारहवीं में नाम लिखाने का पैसा भी उन्होंने ही दिया। और बाद में बाबू को भी समझाया, 'देखा, एक बिटिया अहै, दुइ न चार, ऐसे मन मार के राखब नाय नीक लगतै?'

अर्चना ग्यारहवीं-बारहवीं गाँव के इंटर कॉलेज से पढ़ गई। शादी का दबाव अभी ज्यादा नहीं बना। रिश्तेदारी को भी पुराना किस्सा भुलवाने के लिए वक्त देना था। बारहवीं के इम्तहान के बाद मनोज बुआ उसे कानपुर लिवा लाईं—शऊर-गुन सिखाने के लिए।

समय बहता पानी है। ठहरता ही नहीं। हर-हर करता द्रुत जल सब बहा ले जाता है। बड़ी-बड़ी चट्टानें उसका रास्ता रोककर खड़ी हो जाएँ, या तो वह उसे तोड़ देगा, या ठीक बगल से उसे धता बताते हुए निकल देगा। पत्थर कितना भी अड़ा रहे, उसका रूप-रंग तो बदलेगा ही। जल की कितनी लहरें गुजरीं, सब आपबीती उस पर खिंच ही जाएगी। पूरी धरती पर बिखरे तमाम आकार-प्रकार के पत्थरों को इन्हीं थपेड़ों ने तो गढ़ा है।

कानपुर एक नई दुनिया थी। चमकती रोशनी और ढेर सारे रिक्शों की ट्रिन-ट्रिन। बचपन से ही अर्चना को बहुत लुभाता था यह सबकुछ। यहाँ घर की जरूरत और मनोज बुआ के खुले स्वभाव, दोनों ने अर्चना की मदद की। उन दिनों दूध का पैकेट लेने अमूल के बूथ तक जाना पड़ता था। दूध लाने

के साथ-साथ उसने सड़कें पहचाननी शुरू की। सब्जीवालों से मोल-भाव करना शुरू किया। और सबसे मजेदार बात कि किराये पर साइकिल लेकर चलाना सीखा।

मनोज बुआ उसकी सगी बुआ नहीं थीं। बाबू के रिश्ते में आती थीं। शायद बाबू की बुआ की बेटी। कई बरस पहले उनका परिवार कानपुर आ गया था। दादा लाल इमली में काम करते थे। यहीं उन्होंने अपने बेटे-बेटियों का विवाह किया। यह विवाह कुनबे की निगाह में बहुत चढ़ा—न जन्त्री देखी न पत्रा, गोत्र भी समझ से परे। जो भी हो, बाबू की बुआ के बड़े अहसान थे अर्चना के घर पर। जमींदारी टूटते समय अर्चना के बाबा ने कई बीघे जमीन अपनी बहन के नाम की थी। कहाँ इतने ईमानदार लोग होते हैं। बुआ ने बाद में सब जमीन वापस कर दी। शीशमवाले बाग को छोड़कर। अब इतना तो होता रहता है।

'समरथ को नहिं दोष गुसाईं। इहै केउ गाँव में किहे होत तो देखतिउ।' साहेब बहू आज भी तंज करने से बाज न आती, लेकिन मनोज बुआ जैसे झर-झर झरना। हर शादी-ब्याह में गाँव में जरूर आतीं।

बुआ के पति उर्फ विनय शर्मा अपने कर्म में भी विनयशील थे। मोहल्ले के सज्जन लोग बेकार हो गए, ताश की मंडलियाँ बनीं, जुए के अड्डे सजे, शराब के ठेकों की ऐश हो गई, लेकिन शर्मा जी इन सबमें कभी न शामिल हुए। ऊपरवाले की कृपा कहें या चुन्नीगंज हाते की बनावट, इस हाते में ज्यादातर दलित लोग रहते थे। सरकार ने कामगारों को बहुत पहले यह जमीन लीज पर दी थी। कम्पनी बन्द होने के कुछ साल बाद लीज का वक्त भी पूरा हो गया था। घर खाली करने का आदेश मिला। शर्मा जी ने यहाँ बड़ी महत्त्वपूर्ण भूमिका निभाई। पूरे मोहल्ले को इकट्ठा किया। वकील किया और केस जीत गए। जो भी हो, इस तबाही और आबाद होने की दास्तान में उनकी किराने की दुकान चल निकली।

मनोज बुआ भी अपने नाम के हिसाब से थोड़ी मर्दाना थीं। लड़ाई, मार-धार, रड़हौ-बेटखहो में जिन्दाबाद। बस, उनका एक दुख और एक ही दुखती रग थी कि कोई औलाद न हुई।

अर्चना मायके आने पर उनका बड़ा आदर-भाव करती थी। गाँव के पोखर के किनारे पर बहुत सुन्दर मेहँदी की बाड़ थी। उसकी कुछ एक डाल तो पोखरे के पानी को भी छूती थी। अर्चना घंटों मेहँदी के पत्ते सुरुकती, कई जतन करके सिलबट्टे पर मेहँदी पीसती और अपने सिन्दूरी हाथों से बुआ को लगाने बैठ जाती। यह उसका सबसे पसन्दीदा शौक था।

वैसे उसका यह शौक छोटकी चाची से आया था। छोटकी चाची यानी अंजू। बहुत ही कच्ची उम्र में चाचा से ब्याह हो गया था उनका। चाचा सीआरपीएफ में जवान थे। तब चाची तेरह साल की थीं। चाचा के साथ उन्होंने कई शहर भी देखे थे। वह बताती हैं, 'तुम्हारे चाचा परेड में जाते थे, बाहर से ताला लगाकर। हम आँगन में अमिया के पेड़ पर चढ़कर दूर से परेड देखते थे और पत्तों से सैकड़ों ताला बनाते थे।' कोटा, बांदीकुईं जैसे शहर और कई राजस्थानी गाने चाची को बखूबी याद थे।

बारह साल पहले चाची को चाचा गाँव छोड़कर गए थे। सूरज तब गोदी में था। कई साल तो उन्होंने अपना पता नहीं दिया। देवी-देवता, शहर-कस्बा सब ठिकाने चाची ने ढूँढ़ा। कोई पता नहीं। अर्चना ने चाची के हर दिन देखे थे। छह-सात साल पहले पता चला कि चाचा पास के लखनऊ में किसी नर्स के साथ रहते हैं। जिस औरत का पति मर गया हो, वह बच्चों को पाल-पोसकर सती हो रही हो, समाज उसकी इज्जत करता है, लेकिन जिसका आदमी छोड़कर भाग गया हो, उस औरत में ठूँठ भी खोट ढूँढ़ता है।

बरसों पहले विधवा हुई जगमौसी उनको ताना मारने से नहीं चूकती, और चाची विधवाओं के विभिन्न प्रकार बताने से। चाची भी कम नहीं थीं। सुना-सुनाकर कहतीं, 'आस राँड़, पास राँड़—राँड़, रँड़क्का, रँड़बस्सा। लगावा बिटिया मेहँदी।' कई बार तो दोनों हँस-हँसकर एक दूसरे को तंज करतीं, जैसे अपनी ही हालत का मजा ले रही हों!

मनोज बुआ के आने से ऐसा लगता, जैसे बड़के तालाब का पीपल तक झूम उठा है। 'का भौजी, का बनवति अहा?' कहके किसी के भी घर पहुँच जाती। टोला-टोली, आउब-जाब यानी आना-जाना नहीं में ज्यादा नहीं पड़तीं।

उत्तरटोला हो या दक्खिन टोला, सबमें मस्त। 'कटहर फरेला कचनार छोटी ननदी, आवा चली बेच आई गाजीपुर बाजार छोटी ननदी।' गा-गा के वह और गुलबिया खूब नाचतीं। एक पल को यूँ लगता कि यह बभनौटी, चमरौटी, ठकुरान—इन दोनों ने तो नहीं ही बनाया है। भौजी-बिट्टी का अपना ही रिश्ता था दोनों में। 'का हो, तोहरे लगे गुड़-चीनी नाय बा?' कहकर बुआ मजे से खान-पान शुरू कर देती।

वैसे अर्चना के साथ प्राइमरी स्कूल में सभी जात-बिरादर के लोग पढ़े थे, लेकिन बड़े होने के बाद दूसरे टोले में बुआ के साथ ही जा पाई थी। अर्चना को बुआ ही एक सहारा लगतीं। उसे लगता कि शादी-ब्याह के इस बवंडर से बुआ उसको बचा लेंगी। यूँ तो अर्चना दिन में भी सपने देखती थी, जैसे बुआ ने बाबू को मना लिया है, वह उसे कानपुर ले गई हैं। वह नौकरी करने लगी है। गाँव लौटी है। गाँव के लोग उसका बखान कर रहे हैं। यह सपना इतना साफ-सुथरा था कि उसे लोगों के डायलॉग भी सुनाई पड़ते, लेकिन फिर अगले पल कच्चे सपने में पानी की कुछ बूँदें पड़तीं। और इस झाग में जरा-सा सच मिलता, लेकिन इतना-सा सच कि कानपुर के गर्ल्स डिग्री कॉलेज में उसका फर्स्ट ईयर में एडमिशन हो गया है, उसे फिर सपने की दुनिया में ले जाता है।

कानपुर में घर का काम उसे कुछ लगता ही नहीं। बीच-बीच में फूफा की दुकान भी देखती। इस बीच उसको तीन बार दौरे पड़े। पहली बार घर जाने के नाम पर। दो बार घर जाकर। लेकिन बहुत दिनों तक यह सबकुछ यूँ नहीं चला। बी.ए. सेकेंड ईयर का इम्तहान खत्म होने के बाद गाँव से बुलावा आ गया। दूसरे की लड़की के मामले में मनोज बुआ भी कुछ नहीं कर सकती थीं। अधूरी पढ़ाई, अधूरे सपने के साथ अर्चना का ब्याह हो गया। शादी के दौरान दौरा पड़ा या नहीं, वह खुद भी नहीं जानती। अबकी बार तो उसने सबका मुखर विरोध किया। जो न कहना था, वह सब कहा। सबके चरित्तर की बखिया उधेड़ दी। खूब रोई-चिल्लाई। और तो और, पुलिस की भी धमकी दे दी। वैसे इस धमकी के बाद वह खुद ही डर गई। पुलिसवाले तो बदनामी करेंगे, उलटे घर वालों

से पैसा भी लेंगे—सोचकर वह और रोने लगी। आँगन में शादी का बाँस गड़ा। सात पुश्तों के पितरों को जगाया जाने लगा। गाँव भर की सुहागिनें इकट्ठा थीं।

तोहरी ओखरी बाटय अनारा देई,
शिव परसाद राम का मूसर,
तोहरे हो अचरे नौ मन चाउर होई,
धान जे होई त राजा का मूसर,
रानी के ओखर, तोहरे हो अचरे नौ मन चाउर होई।

पुरखे पुरनिया जाग गए। पुश्तों के मूसर और ओखर परिवार के शुभ काम में इकट्ठा हो गए। माई के गीत की तरह—'बँसवा कटावै चले राजा दशरथ, गड़ि गा उँगरिया खपीच'—अर्चना के मन में खपीच यानी बाँस की गहरी फाँस गड़ गई थी। खैर, उसको दौरा नहीं पड़ा। गाँववालों के मुताबिक मन्दिर बन गया था इसलिए।

मास्टर चन्द्रभान ने कहा, 'देखिए, हिस्टीरिया एक सेक्स से जुड़ी बीमारी है। अब लड़की बिलकुल ठीक हो जाएगी।

विदाई के समय गले मिलते समय वह रोई नहीं, उसकी आँखें एकदम सूख गई थीं। कार में वह कब बैठी, बगल में गाँठ जोड़े कौन बैठा था और यह कौन-सा बच्चा बीच में बिठाया गया है, उसने यह भी नहीं सोचा। वह झीने परदे से चुपचाप खिड़की की ओर देख रही थी। अमराही गई, मन्दिर गया, समरू बाबा का थान गया। लम्बी सड़क, सरपत, ऊँचा-नीचा रास्ता, दूर पतली-सी नदी, झुरझुर हवा। अर्चना को नींद आ गई एक ऐसी नींद, जिसमें सारे दुख कहीं खो गए। उसका मुँह जरा-सा खुल गया और बचपन की तरह लार की एक पतली धार निकलने लगी।

कहते हैं कि आग को ज्यादा खंगालो तो आग बुझ जाती है। यूँ तो वह चुपचाप भी सुलगती रह सकती है। ससुराल में एक पड़ोसी के यहाँ नई बहू के आने पर गाँव में फिर वही नृत्य-संगीत का कार्यक्रम आयोजित हुआ। तभी वहाँ पर कुछ ऐसा घटा कि अर्चना को बरबस हँसी आ गई। गाँव की एक दूसरी बहू गाना बजने के साथ नाचने लगी। बहुत नाची। इतना कि बजानेवालों के

हाथ भर उठे। बजानेवालों के साथ आया नचनिया किनारे खड़ा हो गया। बहू नाचती गई, नाचती गई, और नाचते-नाचते गिर गई। सबने पानी पिलाय:, हवा की तो पता चला कि उसे नाचते-नाचते तान आ गया था। और यहीं से अर्चना की संजू रो दोस्ती हुई।

'खग ही जाने खग की भाषा'। वैसे तो अर्चना ने यह जुमला कई बार सुना था, लेकिन कभी भी इसका सीधा अर्थ नहीं समझी। अबकी बार उसने उसे सही अर्थों में समझा था।

एक ही हालात में पले-बढ़े लोग कैसे अलग-अलग बन जाते हैं! संजना यानी संजू की जिन्दगी अर्चना से अलग नहीं थी लेकिन वह अर्चना से अलग थी। अर्चना आधी बातें मन में करती, आधी बाहर। संजना के भीतर खामोश दीवारों का जाल नहीं था। वह सोचती भी बोल-बोलकर थी। कूकर, चूल्हा, चलनी, छलनी—सबसे बातें करनेवाली संजना का विवाह ऐसे लड़के से हुआ जो दस बार बोलने पर एक बार हुंकारी भरता था।

संजना की माँ की मृत्यु हो चुकी थी। पिता और तीन छोटे भाइयों के साथ वह मुम्बई के कान्दीवली की चाल में बड़ी हुई थी। कान्दीवली का ठाकुर तबेला था तो उसके गाँव जैसा ही लेकिन था वह मुम्बई में। बोली-भाषा, चाल-ढाल—सबमें संजना थोड़ी मराठिन हो गई थी। उन्हीं की तरह आँख और हाथ नचा-नचाकर बोलती थी।

'आजकल की लड़कियाँ ऐसे आँख नचाय-नचाय बोलतथिन कि बनारस क पतुरियन भी फेल हो जाएँ,' उसकी ताई ने डंक मारा था।

वह भी उलटा डँसने से नहीं चूकी, 'तबै बड़का बाबू मुनीमी करत-करत कुल ओनहन के गोड़े धइ आएन,' जहर चढ़ा। ताई ने खूब सरापा, 'माई खाइ लै ग बा। जहाँ जैइहैं, उहौं सत्यानाश होइ जाए।'

वैसे संजना को खुद भी यही लगता था कि जहाँ जाएगी, वहाँ सत्यानाश हो जाएगा। बिना माँ की बेटी शहर-गाँव का सब सुख-दुख देख चुकी थी।

विवाह बन्धन है या मुक्ति, यह बहस कहीं और होगी। संजना को तो वह अपने और अपने परिवार के दुखों को कम करने की दवा ही दिखता। कहीं

न कहीं उसे भी यह अहसास था कि वह बोझ है। वैसे इस बोझ को हलका करने के लिए उसने क्या-क्या नहीं किया। कान्दीवली की चाल में दिन-दिन भर बैठकर पत्ते पर बिन्दियाँ चिपकाईं, बारीक मनकों की माला गूँथी, लेकिन वक्त के साथ बोझ होने का अहसास बढ़ता ही गया।

कहते हैं, पैसा पैसे को खींचता है, तो क्या दुख भी दुख को खींचता है? जरूर ऐसा ही होगा। संजना ने पति की आवाज के साथ एक गहरी हकलाहट सुनी—'ई ई ई...का...अअ है?'

'दूल्हा सज्जन है, बोलता नहीं' का मतलब अर्चना को समझ आ गया। उसका पति बहुत ज्यादा हकलाता था। तुतरू बउ थी संजना।

विवाह के सात भँवर औरत को अपने घर से कितना दूर कर देते हैं! कहते हैं, संजना चौथी में ही अपने मायके लौट गई थी, लेकिन दो चमकीली साड़ियों के साथ अबकी जो वह विदा होकर आई, वापस नहीं गई।

'सृष्टि के सम्बन्ध हर आदमी-औरत में होते हैं।' कभी दुलहिन अम्मा ने किसी क्षण अर्चना से कहा था—उस दिन, जब ठाकुर चन्द्रपाल सिंह अपनी पत्नी को मारते-मारते उसके गाँव तक खदेड़ लाए थे और उनकी पत्नी घर की कोठरी में छिप गई थी। तब भी अर्चना के मन में यह बात कौंधी थी। और यह बात उम्र और अनुभव के साथ बड़ी होती गई। रिपुन बउ, जिसके मसूड़े पायरिया से ग्रस्त होकर एक गन्दी भभक भरी दुर्गंध छोड़ते थे, क्या उसके पति का भी उसके साथ सृष्टि का सम्बन्ध होगा? और खुद मास्टर चन्द्रभान मिश्र फ्रेंची पहनकर बाल में खिजाब लगाए, दूसरी औरतों के उन्नत उरोज देखते थे, क्या उनकी पत्नी से भी उनका सृष्टि का सम्बन्ध होगा? दुलहिन अम्मा ने शायद उसको कोई ऐसी गूढ़ बात बताई थी, जिससे अर्चना की दुनिया हमेशा के लिए गीली हो गई थी।

कोई भी औरत हो, सृष्टि के सम्बन्ध तो बन ही जाते हैं। जैसे-जैसे उसकी समझ बढ़ी, उसकी उँगलियों से सरसों के फूलों पर भरा मखमली पाउडर झर गया और तब से सृष्टि के सम्बन्ध के नाम के साथ ही उसके होंठों पर एक क्रूर मुस्कुराहट आ जाती। ससुराल की पहली रात इस सम्बन्ध की पुष्टि थी।

वह शरीर और आत्मा, दोनों से इस सम्बन्ध के खिलाफ खड़ी थी। दोनों को बहुत चोट लगी। जैसे-जैसे दिन बीता, यह चोट गहराती गई।

पट्टी प्रतापगढ़ का ठहरा-सा गाँव रानीपुर। बँसवारी, पोखर, अमराही और दूर-दूर खेत से घिरा था। अर्चना ने कभी दिन के उजाले में यह गाँव नहीं देखा। पोखर के किनारे खड़ा विशाल पीपल का पेड़। रात के अँधेरे में उसको वह कभी भुतहा नहीं लगा। हमेशा उसको अपने गाँव खींचकर ले जाता। इस पेड़ से उसको राग था। ससुराल के बाकी लोगों से उसने एक ऐसा सम्बन्ध बनाया था जो राग-विराग से कोसों दूर था। 'अच्छी सुघड़ बहू है, जाओ तो पीढ़ा-पानी करती है, लेकिन...'

कितने दिनों बाद अर्चना को सचमुच प्रसन्नता हुई थी जब संजना को बैंड की आवाज पर तान आ गया था।

अर्चना शादी के एक महीने बाद मायके आई। निर्झर अर्चना किसी खामोश पोखरे की तरह हो गई थी। लोगों ने खोदा-विनोदा कि कहीं से इस खामोशी का सुराग लगे, लेकिन हाथ कुछ न आया। अम्मा ने सुझाया कि कुछ दिन अर्चना को कानपुर भेज दो, मन बहल जाएगा।

माँ-बाप भी अजीब होते हैं। जिस बच्चे को कैसे-कैसे ज़िलाते हैं, जिसकी एक किलकारी पर सातों जहान लुटाते हैं, अपने संस्कारों के चलते उसी बच्चे को सबसे ज्यादा रुलाते हैं। अर्चना छोटी थी तो माँ ने ही पढ़ने-लिखने की ओर प्रेरित किया था। बाबू गाँव भर से कहते नहीं थकते थे कि अर्चना को चालीस तक पहाड़ा याद है, लेकिन बचपन क्या गया, पिता का प्यार कोसों दूर चला गया।

उसकी पसन्द की एक फ्राक दिलाने के लिए बाबू दुकान-दुकान छान मारते थे, लेकिन जब वह सचमुच अपनी पसन्द-नापसन्द कहने लगी तो उसे यूँ देखते जैसे वह उनकी जनम की दुश्मन हो!

अर्चना को तो बाबू ने पाला था और बाबू को उनके समाज के नेत-नियम ने। गाँव-समाज के अनकहे नेत-नियम उनके रोएँ-रोएँ में बसे थे। वे पत्थर

की लकीर थे और अर्चना के आँसू पानी, लेकिन कोई यूँ भी पत्थर नहीं होता। कहते हैं, आदमी अपने बच्चे से हार जाता है। बाबू हार रहे थे। उन्होंने अर्चना का बी.ए. थर्ड ईयर का फार्म खुद ही जाकर भरा था कानपुर में। इम्तहान का समय आनेवाला था कि ससुराल से बुलावा आ गया। अर्चना एक बार फिर से सन्न थी। उसे उम्मीद थी कि घरवाले उसे विदा नहीं करेंगे। आखिर उसका इम्तहान है, लेकिन वे सब अपनी मजबूरी जता रहे थे।

अर्चना के ससुर उसको लेने आए। अम्मा लोक-लाज की दुहाई दे रही थीं। और इन सबके बीच उसका सूटकेस तैयार कर दिया गया। तभी अर्चना के जी में न जाने क्या आया, उसने चाची के घर पर अपने ससुर से सीधे बात करने की सोची।

'वो...पिताजी...हम आगे पढ़ना चाहते हैं...हमारा फाइनल ईयर का इम्तहान है...आपका बड़ा अहसान होगा...'

ससुर साहब ने सिर्फ हुंकारी भरी। अर्चना ने इतनी-सी बात करने के लिए सारे देवी-देवताओं से ताकत माँगी थी, लेकिन ग्रह-नक्षत्र सब उलटे हो गए।

सुबह पूरे घर में सुगबुगाहट शुरू हो गई। छोटकी चाची उसको साड़ी पहनाने आई। विदाई होनी तय थी। ससुर साहब बड़े नाराज थे, 'यह सब हमारे यहाँ का कल्चर नहीं है। आपने बहुत मन बढ़ाया है।'

अर्चना अड़ गई थी कि वह नहीं जाएगी। पहले तो औरतों ने समझाया। फिर एक-एक करके घर के पुरुषों ने जिम्मा लिया। साम-दाम-दंड-भेद—सब उपाय आज बौने पड़े। इसी बीच उसके ससुर आँगन में आ गए, 'यह नाटक बन्द करो। यदि आज विदाई नहीं हुई तो इसको यहीं रखो। यह सब इज्जतदार लड़कियों के लक्षण नहीं हैं।'

'हाँ, हम बदमाश हई, न जाब...' अर्चना बोलते-बोलते विकराल होने लगी। उसका शरीर ऐंठने लगा और मुँह से फुँफकार के साथ झाग निकलने लगा।

उसकी आवाज पूरे गाँव में गूँज रही थी। ठकुरान, बभनौटी, चमरौटी—सबमें। ताल-तलैया हिल गए। शादी के सगुनवाला आँगन का बाँस काँपने लगा। सुरसत्ती देई, अनारा देई सहित पुरखों की आत्मा चिंहुक गई। वे काँपने

लगीं। आँचर से चाउर झर गया। पूरे परिवार में साहस नहीं था कि कोई कुछ बोलता। ससुर साहब वापस लौट गए।

कहते हैं, इस बात को बीते बीस बरस हो गए। अब यहाँ लड़कियाँ साइकिल से स्कूल जाती हैं और यहाँ अब यदि कोई लड़की 'ना' कहती है तो बारात वापस लौट जाती है।

'हिस्टीरिया फैल चुका है। यह महिलाओं में सेक्स से जुड़ी बीमारी है। अब तो यह बेहद गम्भीर और लाइलाज बीमारी हो गई है।' मास्टर चन्द्रभान रोज बड़बड़ाते हैं।

अरजा तुम्हारी कौन है!

सात दिन, सात रात की धूल-बारिश थी वह। आम के गाछ पर लदे टिकोरे झुलसकर गिर चुके थे। विशालकाय पलाश और सेमल की नर्म रूई धूल में बिला गई थी। लोग अपना घर-बार छोड़कर जा रहे थे। ढाक के पत्ते तक अवाक् थे। चारों ओर शोर था। वह अजब वर्षा थी विन्ध्य और शैवल की घाटी में। हर कोई भाग रहा था दंडकारण्य से। उन कातर आँखों में धूल की परत चढ़ गई थी—ऐसी परत थी, मानो वह कोई पाषाण प्रतिमा हो! मानो सदियों से वह यूँ ही पड़ी हो! सात दिन, सात रात पृथ्वी ने चौदह बार सूरज को नापा तब कहीं जाकर धूसर आसमान पर रोशनी की एक फाँक दिखी। हो सकता है कि वह चन्द्रमा हो! कुछ भी हो। चाँद-सूरज तो मन के अँधेरे-उजालों से जलते-बुझते हैं। वह किसी तरह खड़ी हुई। धूल उसके गले से उतरकर पूरी छाती पर जम चुकी थी।

चारों ओर निस्तब्धता थी। विशालकाय वृक्ष झुलसे खड़े थे। उसने खुद को थामा और सरोवर तक आ गई। क्या पता, वह सरोवर ही हो, जिसने उसे थामा हो! वह देर तक खुद को धोती रही। पूरी कोशिश की कि भीतर जमी धूल को धो सके, लेकिन धूल उसके शरीर के भीतर इस हद तक समा गई थी कि उसे लगा, वह खुद को धूल से धो रही है...।

यह जंगल उसका घर था। बड़े-बड़े ढाक के वन, उनसे बने बर्तन,

उनसे बने घर। पलाश की दहक उसका श्रृंगार था। शाक, अर्जुन और अशोक उसका आकाश थे। चम्पा, चन्दन, बकुल और मदान ने उसमें अप्रतिम गंध भरी थी—पृथ्वी की सबसे पवित्र गंध। स्वतन्त्र मानुष होने की गंध स्वयं उसके भीतर थी। शमी, शिरीष, ताल, तमाल—सब उसके अपने थे। इतने अपने कि उसे कभी नहीं लगा कि ये अलग से वृक्ष हैं। सरस सलिला नदी का जल भी उसका अपना था। इतने वर्षों से उसे भोजन, जल और ईंधन के लिए कभी कहीं और देखना नहीं पड़ा और न ही वृक्षों को काटना पड़ा। कभी कुटिया बाँधने के लिए मजबूत साल-साखू के वृक्ष की लकड़ी चाहिए थी तो उसके पूरे समूह ने पहले वृक्ष से क्षमा माँगी।

गोल गुम्बद के एक सौ चवालीस खम्भों में कोई उसका अपना न था। वह न तो उनके लोगों को जानती थी, न ही यह जानती थी कि देवों के देव इन्द्र की तरह यहाँ भी सज्जन सत्ता की प्राप्ति के लिए किसी भी प्रकार के कर्म करते हैं।

ओह, पल भर में यह क्या हुआ? उसका क्या दोष है? पिता ने कहा था, 'जा, तू इस सरोवर के पास जा। यहीं पर रहकर खुद को पवित्र करने के लिए प्रार्थना कर।'... 'पिता, मैंने तो स्वयं ऐसे कोई कर्म नहीं किए जिससे अपवित्र हुई होऊँ। मैंने तो प्रतिरोध ही किया था। पिता ने बस इतनी बात जोड़ दी कि ऐसे में जो भी मेरे आसपास होगा, वह जीवित बच जाएगा।' पिता की बात याद करके उसने किसी तरह अपनी आँखें खोलने की कोशिश की। मन-ही-मन भयभीत। कौन साहस करेगा उसके साथ रहने का? राजा, सत्ता, धर्म, पवित्रता—कुछ भी तो उसके पास नहीं। प्रयास करके उसने आँखें खोलीं। लाल रक्ताभ आँखें। अन्याय से क्षुब्ध आँखें। एक-ब-एक वह आँखें फाड़कर देखने लगी कि कौन उसके समीप है। धूल धुन्ध की शक्ल ले चुकी थी। धूल-वर्षा ने सबकुछ नष्ट कर दिया था। उर्वर जमीन पर अँखुआई पौध दफ्न हो चुकी थी। पलाश का रक्तवर्ण, चम्पा की सुगंध—सबमें अन्याय, अपमान, असहायता की गंध भर गई थी। धरती के भीतर से सारा खनिज खींचा जा रहा था। धरती स्वयं दरककर अपनी असहायता प्रकट कर रही थी। अरजा को कुछ नहीं समझ आ रहा था। यह बात तो असंख्य वर्षों पहले की है। नहीं, असंख्य वर्ष पहले की

यह घटना नहीं है। इक्ष्वाकु-वंश का लम्पट राजा दंड कल ही तो यहाँ आया था। यह राज्य तो इक्ष्वाकु-वंश के अधीन नहीं था। जो राज्य अतिक्रमण नहीं करते हैं, क्या वे अभिशप्त होते हैं कि उनका अतिक्रमण कोई अन्य राज्य कर ले? कांस, केतक, मालती कब उसके अधीन थे? शमी के पुष्प कब उसके मुकुट की शोभा थे? यह पूरा जंगल किसी के अधीनस्थ नहीं था। किन्तु अधीन बनाने की परम्परा स्वयंभू संस्कृतियों का रक्तपान करती है। जो पुत्र किसी लायक नहीं, जो लम्पट है, चरित्रहीन है, उसे शान्त सौम्य जन का राजा बना दो। ठीक ही तो था, राजा भी खुश। और प्रजा? उसे तो पता ही नहीं था कि वह किसी की प्रजा है। उसे तो यह भी नहीं पता कि इक्ष्वाकु के लम्पट पुत्र के नाम पर यह प्रदेश दंडकारण्य है। ओह, पिता, क्यों स्वीकार किया तुमने इन जनों का गुरु होना? पिता, तुम तो वैसे भी सम्माननीय थे जंगल में, क्या तुम इस पर सोचोगे कभी? कहाँ सोचोगे! उसने जो कसकर आँखें भींच लीं।

राजा जंगल में शिकार खेलने आया। मनोरंजन के लिए। उसके लिए तो वह भी एक शिकार भर थी। उसने राजा से दया की भीख माँगी। यहाँ तक कहा कि वह उसके गुरु की पुत्री है। राजा ने अट्टहास किया। उसने क्या-क्या नहीं कहा! यह भी कहा कि वह उसके पिता से कहकर उसका हाथ माँग सकता है। इससे राजा की भी बदनामी नहीं होगी... लेकिन उसने भरसक प्रतिरोध किया। वह किंचित भी परिचित नहीं थी मुख्यधारा की परम्परा से। यदि होती तो गुहार नहीं लगाती और न ही उससे न्याय की उम्मीद करती। उसे तो यह भी बोध नहीं था कि ये संस्कृति-पुरुष स्त्रियों के बलात्कार के बाद उनके भीतर मर जाने की कामना भर देते हैं। उनकी स्त्रियाँ बार-बार होनेवाले बलात्कार, उपहास और बहिष्कार से भयभीत होकर बलात्कारी को नहीं बल्कि स्वयं को ही दंड देती हैं। वह यूँ ही नहीं मर सकती। ना, वह आत्मघाती नहीं थी। वह वनजा है। उसे जंगल के झाड़-झंखाड़ तक ने दुलार दिया है। वह जिएगी। वह जीवित रहकर प्रतीक्षारत थी। उसे भान था कि पिता आएँगे। उसके लोग आएँगे। नांध देंगे युद्ध। वह पड़ी रही भरोसे की आस थामे।

पिता आए। किन्तु वह यह न समझ सकी कि सत्ता का मोह कितना प्रबल

होता है। पिता भी इसी सत्ता से नाभिनाल बद्ध हो चुके थे। पिता नहीं आए, न ही गुरु शुक्राचार्य आए। ओह, कौन आया था? क्या दोनों का मिश्रित रूप? तब तो पिता भी मुख्यधारा में कहीं सिंहासन ढूँढ़ रहे थे। वह मिश्रित रूप से स्तब्ध थी। क्या पिता के स्वतन्त्रचेता मन को स्वयंभू संस्कृति ग्रस्त कर चुकी थी? क्या उनके भीतर भी सत्ता के साथ बिंधे रहने का लोभ जड़ जमा चुका था?

पिता अपनी पुत्री की पीड़ा से क्षुब्ध थे, लेकिन उनके भीतर बैठा गुरु अपने पेट की पीड़ा से। यह कैसा शाप दिया उन्होंने? क्या वह न जानते थे कि शाप की काट देवताओं के पास सदियों से तैयार है? उनके हर लम्पट राजा को जीवनदान मिल ही जाता है?

अरजा भीतर ही भीतर व्यथित थी : 'हाँ, पिता, तुमने क्यों नहीं सब कुछ भस्म करने का साहस किया? क्यों नहीं वह शाप दिया जिससे वह हमेशा के लिए खत्म हो जाता? तुम्हारे शाप इतने निर्दयी क्यों होते हैं कि जिसमें स्त्री जिसका कोई दोष नहीं, वह तुम्हारा क्रोध सहती है? क्यों ऐसे शाप देते हो जिसमें पापी तुरन्त मुक्त होता है और प्रताड़ित वर्षों प्रस्तर-प्रतिमा बन निर्जन में किसी के चरणों की प्रतीक्षा करता है? आह, तुम क्यों सत्य कहती स्त्री से उसकी जिह्वा तक माँग लेते हो?'

पिता और गुरु ने शाप दिया: 'जा, दंड के राज्य में ऐसी धूल-वर्षा हो कि सब कुछ उसमें नष्ट हो जाए। इस धूल-वर्षा में तो अरजा का जीवन भी शामिल था। उन्होंने कहा कि, जो जीवन चाहते हैं, वे राज्य की सीमा से दूर चले जाएँ,' और तब से धूल-वर्षा जारी थी। राजा दंड का क्या हुआ क्या होगा? जो हुआ होगा, क्षणिक ही हुआ होगा। वकीलों की पूरी फौज उसकी वकालत में खड़ी थी। दुनिया के सारे अस्पताल उसके लिए अमृत लेकर खड़े थे। कुल, परम्परा, देव-देवता—सबको अपने भविष्य की चिन्ता थी।

गढ़ा गया कि ऐसी स्त्रियाँ कुछ भी आरोप लगा सकती हैं। शायद कुछ लोग भूल गए हैं कि उच्च जाति के लोग निम्न जाति की स्त्रियों को छूते तक नहीं हैं। उनके साथ बलात्कार का तो प्रश्न ही नहीं उठता है। भँवरी देवी हतप्रभ खड़ी थी। अरजा उसी की पुरखिन है फिर अरजा तो बलात्कार के बाद जाकर

आत्महत्या नहीं करती है। भला कुलीन स्त्री होती तो जीवित होती? वैसे भी अछूत बनवासिनी को कौन कुलीन हाथ लगाता है? वह तो उनके हाथ का जल भी नहीं ग्रहण करते। वह कुलीन स्त्री नहीं थी, वह अरजा थी। विधि और विधान को वह यूँ नहीं छोड़ सकती थी। वह उसका लेखा-जोखा रखनेवाले से भी प्रश्न कर सकती थी। वह उससे भी प्रश्न करेगी जो स्वयं को इस ब्रह्मांड का जनक कहता है। उसने अपने प्राण नहीं त्यागे। पिता चले गए चिन्तन करने। गुरु चले गए चिन्तन करने या वह मिश्रित रूप गया, उन्हें जाना ही था। सत्ता में उन्हें उनका एक हिस्सा मिल गया था। जब सत्ता में किसी भी प्रकार की हिस्सेदारी हो तो जन के साथ कौन खड़ा रहेगा? ऐसे में उन्होंने किंचित परवाह नहीं की थी किसी की। अपनी पुत्री की भी नहीं...।

उसने साहस करके फिर आँखें खोलीं। देखूँ तो कौन रह गया मेरे पास! देखो न, ऐसे वक्त में भी कैसी उत्सुकता जाग पड़ी! यह क्या, उसके आस-पास एक पूरी दुनिया थी—वही दुनिया, जिसमें वह जन्मी थी। ओह, तो क्या इन्होंने उसे थामा था? उन सबकी आँखों में पलाश की दहक थी। सच को सच कहने का साहस। अपनी माटी का मोह और सिर पर शमी के फूलों का मुकुट...।

बरसों बारिश होती रही। धूल थोड़ी-थोड़ी बैठने लगी थी। ढाक के पेड़ों ने सिर उठाए, घर बने, बर्तन बने। जीवन की हलचल सरोवर में जाग गई। अरजा ने फिर रचा अपना संसार—फूलों और फलों का, जिसमें नन्ही फुदकैया से लेकर विशाल जानवरों तक के लिए जगह थी।

लेकिन यह क्या? बवंडर फिर उठने लगा! अरजा की बेटी का शरीर क्षत-विक्षत था। जितनी क्रूरता वह कर सकता था, उसने की। वनजा अरजा की बेटी ने साहस करके वही प्राचीन प्रश्न दुहरा दिया था कि हमने आपका चुनाव नहीं किया, आप यहाँ के राजा कैसे बन गए?

फिर मुख्यधारा ने नग्न नृत्य किया। सारी लज्जा, सभी प्रकार के आवरण खींच लिये गए। अरजा की बेटी के शरीर को फिर से क्षत-विक्षत कर दिया गया। उसके जननांगों में पत्थर भर दिया गया। मासूम बच्चे ढाक के पत्तों पर पड़े थे।

मुख्यधारा की निर्लज्जता देखने से उनकी कोमल आँखों ने इनकार कर दिया था। पलाश अंगारे की तरह दहक रहा था। इक्ष्वाकु-वंश का लम्पट राजा अपने मित्रों के साथ शिकार पर था।...उसे सब चाहिए था—जंगल, जल, मिट्टी के भीतर की ताकत, सब कुछ। उसे दंडकारण्य की उस सम्पदा पर नियन्त्रण चाहिए था जिसका पता अब लगा था। वह शीघ्रता से सबको नियन्त्रित कर रहा था। वह कुछ भी सुनने को तैयार नहीं था। उसके पास विशालकाय मशीनें थीं जो तेजी से विशाल वृक्षों को धराशायी कर सकती थीं और उन्हें भी, जो इन वृक्षों से चिपककर खड़े थे।

दंडकारण्य का क्षेत्र राजा को दंडस्वरूप मिला था कि जाओ, वहाँ पर कुछ भी महत्त्वपूर्ण नहीं है। इस बार तो राजा को पता चल गया था कि यहीं सबसे महत्त्वपूर्ण खजाना है। उसकी लूट की महत्त्वकांक्षा और प्रबल हो गई थी।

धूल-वर्षा हो रही थी—बारूद की गंध से बोझिल वर्षा। विन्ध्य और शैवल की पहाड़ियों पर। हमेशा की तरह प्रजा को पता नहीं था कि किसे राजा बनाया गया और उनके प्रदेश को क्या नाम दिया गया। दूर कहीं पिता की चीख उसके कानों में हल्के से गूँज रही थी : 'जो इस समय तुम्हारे आस-पास होगा, वह जीवित रहेगा, नहीं तो लम्पट राजा के साथ सब कुछ भस्म हो जाएगा।' पिता का श्राप प्रबल नहीं था लेकिन उसे स्वयं पर विश्वास था। उसे भरोसा था कि अरजा मरेगी नहीं और न ही अरजा की बेटियाँ मरेंगी। वे बेशर्म बेहूदी औरतें फिर खड़ी हो जाएँगी।

साहस करके अरजा उठी। सरोवर तक आई। उसके आसपास अब भी लोग थे। जीवित लोग। धूल-वर्षा से पाषाण-से दिखते लोग किन्तु जीवित लोग।

अरजा की बेटियों ने सिर ऊँचा करके देखा कि उनके आसपास लोग खड़े थे—जीवित लोग, जिन्होंने दंड का प्रतिकार किया था, प्रतिकार कर रहे हैं।*

---

* अरजा वाल्मीकि रामायण की कथा का वह पन्ना है जहाँ रामराज के राजा का पूर्वज लम्पट राजा दंड एक स्त्री का बलात्कार करता है। वह क्षेत्र दंडकारण्य कहलाता है। वहाँ आज भी...।

ईश्वर आए, दलिद्दर जाए

आँगन में तेजी से बिमल बाबू ने थाली फेंकी : 'दरिद्र हो तुम लोग। खाना भी ढंग से नहीं बना सकते। दिन भर आदमी थक-हार के आए और खाने को ये मिले।'

वह फूल यानी काँसे की आखिरी थाली थी। चक्कर खाकर दो टुकड़े हो गई।

सोना भागकर माई के पीछे छिप गई। आजकल यह सब घर में रोज हो रहा था। घर में दिन-रात दलिद्दर की बात होती थी। उल्टी झाड़ू, उल्टा बर्तन—न मालूम क्या-क्या करने से उनके घर में दलिद्दर रुक गया था। वैसे सोना खुद भी लेबरचे यानी उल्टे हाथ से काम करती थी। उसके लिए कितनी बार कूटी जा चुकी थी कि जिस घर में कोई लेबरची हो, वहाँ दलिद्दर तो आता ही है। उसी दौरान घर की एकमात्र टूटी साइकिल चोरी हो गई तो औरतों को न जाने क्या-क्या सुनना पड़ा।

उस दिन जब माई 'ईश्वर आए, दलिद्दर जाए' कहकर सूप पीट रही थी तो दलिद्दर रुक गया था, भागा नहीं। वैसे सोना को पता था कि वह क्यों नहीं भागा। अम्मा ने सबकी तरह घूरे पर सूप तोड़ा नहीं। वह बस सूप बजाकर वहीं रख आई थीं। उन्होंने सूप भी धीरे-धीरे बजाया था कि कहीं टूट न जाए। अगले दिन वह मुँह भिनसारे उसको उठा लाईं। सौ रुपए का एक सूप मिलता है, कौन

तोड़ता? वैसे गाँव में ज्यादातर का हाल यही था। घर का दलिद्दर भगाने के लिए गन्ने के डंडे से उसको पीट-पीटकर पूरे घर में फिराना, साथ में हर कमरे में जाकर कहना—'ईश्वर आए, दलिद्दर जाए', फिर उसे घूरे पर जाकर पैर से तोड़ देना—यह प्रथा सदियों से इस गाँव में चली आ रही थी, लेकिन फिर भी दलिद्दर गया नहीं। 'नया सूप का मुफत में मिली? ई त अरुन के बिहाये के परछन का अहई।'

माई का खुद भी जी न था कि दलिद्दर का सूप उठा लाएँ लेकिन हालात से मजबूर थीं। घर के लोग बढ़ते जा रहे थे। खेती से इतना पूरा न पड़ रहा था। खेती रह भी कहाँ गई थी। सबने अपना-अपना हिस्सा बाँट लिया था—बस, चूल्हा नहीं बाँटा था ताकि शहर से गाहे-बगाहे लोग आएँ तो खाना बना-बनाया मिल जाए। वैसे भी खेती-किसानी में आदमी को बैल बनना पड़ता है। यहाँ तो जो आदमी हैं, वे खर तक उठाने को तैयार नहीं। माई को जब कुछ न सूझता तो बड़बड़ाने लगती थीं। उनकी बड़बड़ाहट उम्र के साथ बढ़ती जा रही थी।

कुछ घर न ठीक से ढहते हैं, न बनते हैं। वे झरते हैं, चूते हैं, ठह-ठह के ढहते हैं। गाँव के कोने में बनाए पंडित संकठाप्रसाद का घर कुछ ऐसा ही था। घर का ओसारा यानी बाहरी हिस्सा थोड़ी-सी बेहतर हालत में था। उसी से इज्जत ढपी थी, नहीं तो ओसारे के अन्दर जाते ही मड़ई और मनई जर्जर ही थे। ओसारे के खम्भे के ठीक ऊपर की पक्की दीवार पर तोते का जोड़ा बना था। बीच में दो आम का गुच्छा। शादी-ब्याह में तोते का ठूढ़ लोग रँगवाना नहीं भूलते थे। उसके ऊपर लिखा था—'पंडित संकठाप्रसाद तिवारी, सन 1946'। ऐसी कोई बखरी नहीं थी। विशाल बखरी। उसके पीछे तालाब। बड़ा-सा दुआर। उस पर वह विशाल कटहल का पेड़—ऐसा पेड़, जो पाँव से लेकर सिर तक फलता था। माई बड़े गर्व से कहती थीं, 'सोड़ी से मुड़ी तक लद जाथ।' उसके पत्ते पर कभी इनरी-प्यौतुरी (तुरन्त माँ बनी भैंस के दूध का पकवान) लेकर सोना घर-घर पहुँचाती थी। घर के ठीक बगल में कुआँ। कौन नहीं आता था उस कुएँ से पानी भरने! शादी-ब्याह से लेकर मरनी-करनी—सबमें इस कुएँ से काम पड़ता था। समय-समय की बात है। आज वही कुआँ

उपेक्षित पड़ा है। कुएँ के अन्दर मिट्टी भरी है, ज्यादातर के घर नल लग गया है। कुआँ बस गाँव के अरछन-परछन के काम आता था। वह भी कब तक आएगा, कह नहीं सकते।

दरअसल आज किसी के घर से परोसा आया था। परोसा यानी जो लोग दावत में खाने नहीं पहुँचे, उनका खाना। समय-समय की बात है—परोसा क्या था, बसियौरा था। गर्मी के महीने में सब्जी बजबजा गई थी। छोटकी दुलहिन ने देखा नहीं, उन्होंने वही बिमल को परोस दिया।

माई बड़बड़ा रही थीं, 'उबरा भात पित्रन के, मुई बछिया बाभन के। अरे मनई खाना देखकर भेजता है लेकिन मनई होई तब न, बड़मनई होइ गए हैं सब।'

माई बेबस होकर बस बड़बड़ाती हैं।

पूरा घर खँड़हर हो चुका था। कहने को तीस लोगों का परिवार है लेकिन घर में कुल तीन आदमी और चार औरतें और सात बच्चे बचे थे। तीन आदमी में एक बूढ़ा, एक आधा पागल या कह लो कि बौरहा और तीसरा बिमल बाबू थे। बिमल ने ही पंडिताई सँभाली थी। 'नीलाम्बुजश्यामलकोमलाङ्गं' को 'निलाम कोमलाम...सीतासमारोपितवामभागम'—जब भी बिमल बचपन में कहते थे तो बाबू का सीना चौड़ा हो जाता था। उन्हें लगता था कि पंडिताई में उनका कोई मुकाबला न कर पाएगा, लेकिन समय-समय की बात है। जजमान लोग अब अपना-अपना पंडित रखने लगे हैं। किसी तरह घर चल रहा था। घर के जो मर्द दिल्ली-बम्बई गए, फिर न लौटे। शादी-विवाह में आना भी कोई आना है!

घर में फिर भी चहल-पहल बनी रहती थी। उसका कारण सिर्फ कटहल का विशाल पेड़ था। घर के बाहर विशाल कटहल था ही ऐसा कि उसकी जड़ों तक से नन्ही कटहरी फूट पड़ती थी और देखते-देखते बीस किलो तक के कटहल का फल जमीन फोड़कर लोगों की आँखों में गड़ने लगता था। पकने के बाद महक ऐसी कि रामबली की मिठाई उसके आगे फेल। हर साल कुँजड़े बिना बुलाए बिमल बाबू के यहाँ आ जाते थे।

'हमई मेहँदी लगाई द मोती झील से जाय के साइकिल से ना...' पटोहा

यानी दरवाजे का मजबूत पल्ला झूले की तरह पड़ता था। नार भी बिमल के यहाँ की पड़ती थी। पटोहा और पेंग।

गाँव की कौन-सी ऐसी औरत नहीं थी जो अँधियारे के उस हिचकोले को भूली हो! जवाबी कजरी—'हरे रामा रिमझिम बरसे ल पनिया चली आवा धनिया हो हारी...' याद करके प्रमोद की अम्मा मुँह ऐसे शर्म से छुपा लेती हैं मानो कल की बात हो!

हो किसी का बँगला लेकिन गरमी के मौसम में जब खाली खेत का गरम भभका लेकर हवा वहाँ तक पहुँचती थी, वह भी कटहल के पत्तों में गुम होकर सुस्ताने लगती थी। फिर वहाँ से आगे बढ़ते ही एक-ब-एक शीतल हो जाती थी।

कटहल के पेड़ के नीचे मजमा लगता था। शादी-ब्याह में ढेरों तख्त, गर्मियों में खटिया बिछी रहती थी। ताश की बाजी से लेकर दुनिया भर की राजनीति होती थी। आज नेता, बाज नेता, सबकी बातें। इन सबके साथ शादी-ब्याह में कटहल बिकता भी बहुत था। माई को रिश्तेदारों को तोड़कर देने में महारानी बनने का सुख अलग था।

सोना को कभी नहीं लगता था कि उनके यहाँ दरिद्र का बास है तब तो और नहीं, जब माई रात में किस्सा सुनाती थीं : 'पूस गए टूस में, माघ गए अतरी, आवई द फगुनवा निमोना रोटी कचरी।' यानी पूस में आदमी भूखा रहता था, माघ में कभी-कभी मिलता था।

'त का मावा पहले मनई खाय के नाय पावत रहा?'

'हाँ, बिटिया।'

'इसका मतलब, तब ज्यादा तकलीफ थी? बताओ, मटर का निमोना खाने के लिए आदमी को इन्तजार करना पड़े?'

'नाहिं बिटिया, इ बात नहीं है। तब सब मनई कै इहै हालत रहो। जब जौन खेत में होत रहा, तब हुहई आदमी खात रहा।'

वैसे माई के पास सोना के सवालों का जवाब नहीं था। वह ज्यादा से ज्यादा यही सोच पाती थीं कि आदमी पौरुख दिखाए यानी मेहनत करे तो जिन्दगी बेहतर होती है, लेकिन दिल्ली-बम्बई गए लोग जब शहर वापस जाते

समय कर्जा काढ़ के जाते थे तो उनको कुछ समझ न आता।

बूढ़े-बुजुर्ग की हालत भी तो पुरानी बखरी की तरह होती है। इतने आरर, इतने कमजोर होते हैं कि कब किस हवा से ढह जाएँ, पता नहीं। माई रोज रात में सोना को कहानी सुनाते समय साँप-बिच्छू तक के किस्से सुनाती थीं, 'टीक से टपाक से, कपार काहे फोड़ा, ठेंगे से बाँगे से, रात काहे डोलअ। मतलब कि साँप के सिर पर महुआ टपका तो साँप गुस्साया कि तुमने मेरा सिर क्यों फोड़ा? उस पर महुए ने कहा कि रात में काहे टहलने निकले हो?'

सोना ने यह किस्सा कई बार सुना था, 'त माई, हमार कटहरवा भी बोलई जानत होए?'

'हाँ, बिटिया, न जानत होत त हमरे दुखे के सहारा कैसे बना?' माई फिर शुरू हो जातीं, 'जब हम बिहई के आए रहे, ओकरे पहले के अहई।'

पिछले साल जब से सहुआइन के यहाँ बड़का पंडित ने बताया कि घर के बाहर दूध वाला पेड़ नहीं लगाना चाहिए और न ही घर के दाईं तरफ कुएँ का वास होना चाहिए, इससे दलिद्दर का वास होता है, तब से बिमल बाबू के मन में यह बात घर कर गई।

वैसे पंडित ने हर किसी को गरीबी दूर करने का जो उपाय बताया था। उससे गाँव के कितने कनेर के पेड़ कट गए। पीले फूलों से लदा कनेर और उसकी गोटियाँ, जिसे सोना ओड़िंगा कहती थी, धराशायी हो गया। पंडितजी ने सबको बताया कि कुछ न कर सको तो सिल-लोढ़ा ले जाके नदी के किनारे फेंक आओ। जिससे सिल न उठे, समझो, उसके घर दलिद्दर बैठ गया है।

सई नदी का किनारा लोगों के सिल-लोढ़े से पट गया।

'कटहल का पेड़ तो दूध का पेड़ होता है'—बिमल बाबू ने माई को जब बताया तो उन्होंने पंडित को जी भर गाली दी, 'जब ओहई पेड़ के कटहर खाइके डकारत रहेन तब नाय पुरान बकरेन।'

आखिरकार शादी-ब्याह, लेनी-देनी का निपटारा माई कटहल से कर लेती थीं, वरना पंडिताई में मिलता क्या था? आटा-चावल-खटाई मिला सीधा जिसको दिन भर बैठ के छानना पड़े, लेकिन बिमल बाबू ने एक न सुनी। बखरी

की माटी से कुएँ को भँठवाना शुरू कर दिया। और इस तरह गाँव का आखिरी कुआँ दलिद्दर को भगाने में शहीद हो गया।

बिमल बाबू शहर के पंडितों की तरह न तो बोल पाते थे और न ही गाँव के दूसरे लड़कों की तरह दिल्ली-बम्बई कमा-खाने की ताकत रखते थे। उन्होंने बचपन से अपने पिता के साथ पूजा-कथा में जाकर 'शिव हरे बीज अंकुर ते वरम' कहकर अन्त में गीत सुनाया था, लेकिन समय-समय की बात है', अब तो इससे गुजारा नहीं होता।

माई के लाख मना करने पर उन्होंने कटहल पर आरी चलवा दी। माई को डपटना तो सोना को डपटने से भी आसान है। अर्राकर विशाल कटहल का पेड़ जमींदोज हो गया। चुटकाइल, गिलहरी का घोंसला पट्ट से नीचे गिरा। सोना नन्ही सी गिलहरी हाथ में सँभालकर पीछे भाग गई।

इधर माई का शरीर ऐंठ गया। कटहल की डार बखरी की ओर बस छुआ गई। बखरी के आगेवाली दीवार भरभराकर गिर गई। आम के गुच्छे में लाल-लाल ठूढ़ डाले तोता धूल में बिला गया। धूल का मानो बवंडर-सा छा गया। उसी में से दलिद्दर उठा और जोर-जोर से अट्टहास करके नाचने लगा।

कयास

सतरूपा है सब कुछ। जिन्दगी भी। वह भी सेम की लतर की तरह फैलकर भर जाती है अड़ोस-पड़ोस की छतों पर। हल्के गुलाबी फूलों की ताक-झाँक पड़ोस की खिड़कियों तक पहुँच जाती है। हम भी यूँ ही, कभी खिड़की में झाँककर इस गुलाबी रंग को महसूसते रहते हैं।

जिन्दगी मद्धिम-सी गति में सरकती जा रही थी। आज मैं बहुत दिनों बाद ट्रेन में था। एम.फिल. की प्रवेश परीक्षा देने दिल्ली जा रहा था। कुछ फुर्सत और कुछ आदत, दिमाग इम्तहान पर टिक ही नहीं रहा था।

तकरीबन लोग अपनी सीट पर लेट चुके थे। ऐसे में नीचे की सीट पर एक कोने में दुबकी-सी लड़की पर मेरी निगाह गई, जो दूसरी बोगी से लग रहा है, अभी-अभी आई थी। उसकी मदद नामालूम क्यों एक साहब करने को तैयार था। मुझे लोगों की इस आदत पर खासी दिक्कत है। खास तौर पर जब वह मदद औरत देखकर करते हैं।

'हम तो जनरल बोगी में नहीं चढ़ सकते, चाहे जो हो जाए,' सहयोग मियाँ ने ऐलान किया। और यूँ किया, मानो वह बता रहे हों कि जनरल में लोग अपनी मर्जी से सफर करते हैं; या फिर वे इतने बड़े रईसजादे हैं कि जनरल उनके लिए बना ही नहीं। वह लड़की के करीब आकर कहने लगे, 'आप चाहें तो मेरी सीट पर आकर बैठ सकती हैं।'

मुझे लड़की की किस्मत पर बड़ा रश्क हुआ। बताओ, आखिरी पाँच सौ रुपए देकर मैंने यह सीट टीटी से ली थी। वैसे मैंने तो रिजर्वेशन नहीं कराया था, बस जनरल बोगी का टिकट लिया था लेकिन वहाँ लगा कि आलू के बोरे की तरह तो पक्का है कि मैं भी बाहर फेंक दिया जाऊँगा। बस, भागकर टीटी देवता की शरण ली। लड़कियों का सही है। उन्हें उतनी दिक्कत नहीं होती। खैर, मेरा दिमाग अब तक कल के एक्जाम से हटकर उस लड़की पर टिक चुका था। कमबख्त लाइट भी इतनी हल्की थी कि उसका चेहरा साफ-साफ नहीं दिख रहा था।

'आपका बहुत-बहुत शुक्रिया! लेकिन मैं यहीं ठीक हूँ। टीटी से बात हो गई है। इन्तजाम हो जाएगा।' लड़की की ऐसी आवाज मानो सितार के तार झन से बज पड़े हों!

'अरे टीटी को पैसे देने की क्या जरूरत है? वैसे मैडम, वो बिना पैसे के तो आपको सीट देने से रहा, जबकि आपका वेटिंग टिकट है और सीट खाली है तो देना उसका फर्ज है।' सहयोग मियाँ ने अक्ल झाड़ी।

'जी, आप बेवजह परेशान हो रहे हैं।' लड़की ने जवाब दिया।

वाह, क्या झंड की मियाँ बक-बक की!—मैं दिल-ही-दिल में खुश हो गया।

लड़की के घुँघराले बाल आँचल से झाँक रहे थे। वह नीचे की सीट के कोने में जरा-सी जगह में अटकी-सी बैठी थी। वह जिसकी सीट पर बैठी थी, वह दहाड़ें लेकर खर्राटे भर रहा था। मेरी सीट के ठीक नीचे थी इसलिए ठीक से चेहरा दिखाई नहीं दे रहा था। मेरी पढ़ाई तो हो चुकी। वैसे भी सामनेवाले भाई साहब ने मुझसे काफी मिन्नतें करके लाइट बन्द करवाई थी। रात के ग्यारह बज रहे थे। मैं उस लड़की का चेहरा देखना चाहता था।

'अरे, आप इधर आ जाइए, क्यों परेशान हो रही हैं?' उस लड़के ने फिर दुहराया।

मेरे कान खड़े हो गए। मुझे लगा कि लड़की को मेरी जरूरत जल्द पड़ सकती है। वैसे मैं यह भी कह सकता था कि आप मेरी सीट पर आ जाइए

लेकिन मेरे पाँच सौ रुपए मेरी संवेदना पर भारी पड़ रहे थे। मेरी समझ से लड़की उसके बार-बार कहने से परेशान हो रही थी।

'आप बेवजह तकल्लुफ कर रहे हैं।' लड़की ने बड़ी अदायगी से लड़के को जवाब दिया।

अरे बाप रे, इतनी खूबसूरती से कोई लड़की बात करती है ऐसे में! इसको डाँटकर चुप कराना चाहिए था, लेकिन ये तो कितने प्यार से बोल रही हैं! लड़कियाँ भी उल्लू होती हैं।

'नहीं, मैं तकल्लुफ नहीं कर रहा हूँ। मेरी भी सीट कन्फर्म नहीं थी, मैंने तो टीटी को पैसे देकर ये लिया है। मैं तो सोच ही चुका था कि खड़े-खड़े जाना पड़ सकता है।'

'हाँ, मेरी भी सीट कन्फर्म नहीं है। मैंने टीटी को बता दिया है। उन्होंने कहा है कि अभी एस-5 में जाकर बैठ जाऊँ। यहीं थोड़ी देर में वे सीट दिला देंगे।'

'हाँ-हाँ, दिला देंगे। मोहतरमा, आप इतना शहद घोल के बोलेंगी तो मिल चुकी सीट आपको।'

मेरा मन किया कि कहूँ, सहयोग भाई, अगर मुझे पता होता तो मैं भी यूँ ही कोने में बैठता। फिर देखता तेरी फराकदिली। लड़के का भरपूर मजा बनाने का जी कर रहा था, लेकिन सारी बत्तियाँ मद्धिम हो गई थीं। चीं-पो मचानेवाले बच्चे झूला झूलकर सोने लगे, लेकिन मेरा ध्यान कभी मेरे इम्तहान पर तो कभी इन देवी जी के ऊपर अटका था।

वह लड़का घंटे भर बाद फिर बोला, 'अरे भाई, बैठ भी जाइए। ठीक है, अगर आपको दिक्कत है तो मैं नीचे बैठ जाऊँगा। आप सीट के ऊपर बैठ जाइएगा।'

मेरे भीतर का जासूस जाग गया। हो न हो, ये एक दूसरे को जरूर पहले से जानते हैं वरना आपस में कोई ऐसे बात नहीं करता।

'नहीं, कोई बात नहीं। आप बैठे रहिए।'

सितार के तार पर तो एक राग-सा बजता हुआ लगने लगा। वह जाकर उसकी सीट पर बैठ गई। फिर दोनों ने जो गप्पों का पिटारा खोला कि मेरी

मन-ही-मन इम्तहान के लिए की गई रटाई हवा हो गई।

लड़की ने धीरे से कहा, 'करेले का भरवा लेंगे।'

लड़के ने कहा, 'न, बिलकुल नहीं। मुझे बड़ा खराब लगता है। आप पूड़ी दे दो।'

'अरे मसाला तो चख के देखिए, तब आपको स्वाद पता चलेगा।'

'आपको क्या लगता है कि मैंने मसाला चखा ही नहीं होगा?'

'अरे, मैं ये नहीं कह रही हूँ।'

हद है यार! कहाँ तो ये मैडम उसकी सीट पर बैठ नहीं रही थीं और अब भरवा करेला खिला रही हैं!

'तुम क्या करते हो?'

अरे वाह, पल भर में 'आप' से 'तुम'! मेरा दिमाग भनभनाने लगा।

'मैं बैंक में नौकरी करता हूँ। यार, एकाउंटेंट हूँ।'

'तब तो तुम्हारा सही है। तुम्हारे घर वालों का भी सही है।'

गौरतलब है कि यह नोटबन्दी का दौर था। उस समय बैंक में काम करनेवाले टाटा-बिड़ला से कम नहीं लगते थे। झूठ बोल रहा होगा। शक्ल और अक्ल से एकाउंटेंट तो नहीं लगता। वैसे भी जितना बड़-बड़कर रहा है, उतना एकाउंटेंट करते हैं क्या? मैंने खुद को किसी तरह से खुद को रोका ।

लड़के ने सफाई दी, 'अरे भाई, ऐसा नहीं है। मैं अपने घरवालों का काम बैंक में नहीं करता हूँ। तुमको आसान लग रहा है, पिछले दस दिन से लगातार काम कर रहा था। परसों ही घर आया हूँ और आज वापस। जानती हो, कितने दिन बाद छुट्टी मिली है...?'

अरे लड़की पागल है क्या? वह इसको इतना लिफ्ट क्यों दे रही है?

'तुम क्या करती हो?'

'मैं सरकारी स्कूल में पढ़ाती हूँ। कजन की शादी में आई थी।'

'तभी तो! तुम लोगों को कोई काम नहीं करना पड़ता। ऐश है, मजे हैं, बस, तनख्वाह लो।'

लड़की ने नाराजगी दिखाते हुए कहा, 'अरे, आप तो कुछ भी बोले जा रहे

हैं! क्यों नहीं काम करना पड़ता?'

'क्या काम करते हो? क्लास नहीं लेते। धूप में बैठकर गप्पें लड़ाते हो...'

लड़की थोड़ी और नाराज हो गई, 'तुम कुछ भी बोलते हो। सबको अपना काम ज्यादा और दूसरे का काम हल्का लगता है।'

लो, इनकी तो नोक-झोंक भी शुरू हो गई! जल्दी दोस्ती भी हो गई। जो भी हो, अब मेरी रुचि मेरे इम्तहान की चिन्ता में बढ़ गई और मेरी आँख लग गई।

अगली सुबह मेरी नींद देर से खुली। 'चाय-चाय' की आवाज पर तो कतई नहीं। मेरा स्टेशन वैसे भी शाम को आता, लेकिन नींद खुलते ही मेरी उत्सुकता ने मुझे फिर घेर लिया—रात वाले हीरो को देख लिया जाए और वह घुँघराले बालोंवाली लड़की, उसे भी तो देखना है। मैंने अभी तक उन्हें मद्धिम रोशनी में देखा था। दिल में खयाल आया कि अब तक तो जरूर एक दूसरे से शादी-ब्याह तक बतिया चुके होंगे। मैंने जो देखा, बस, दंग रह गया। वे दोनों एक दूसरे के साथ चाय पी रहे थे।

लड़की नहीं, वह पूरी औरत थी। उसके चेहरे के एक हिस्से पर जले का निशान था। उसकी उम्र भी लगभग चालीस-पैंतालीस की होगी। मेरे सारे कयास पर पानी फिर गया और हीरो तो हीरो ही था। चौबीस-पच्चीस साल का नवयुवक। औरत अपनी खूबसूरत आवाज में अपनी बेटी के बारे में बता रही थी और लड़का अपनी किसी मौसेरी बहन के बारे में।

गूलर का फूल

बड़े तालाब के किनारे लिसोड़े के अंगूर गुच्छे खूब फले थे—हरे पीले रंग के गुच्छे। थोड़ी ही दूर पर जंगली जलेबियाँ पेड़ों पर लदी थीं। पूरे माहौल में धानी रंग की खुशबू भरी थी। उसे वह वहीं कहीं ढूँढ़ती रहती थी।

अकेले भटकने का तो उसे रोग लग गया था। कहाँ किसी की सुनती थी। उसे तो सनक लगी थी किसी से मिलने की। किसी रंग में कितना पीला, कितना लाल मिला है, सब दिखता है उसको। बड़े तालाब के पास बेहया के पेड़ों के बैंगनी फूलों से भी उसको खुशबू आती थी। कभी-कभी लगता है कि उसे हर रंग का स्वाद पता है। वह दूब चबाकर भी देख चुकी थी। रात में झींगुर की झन-झन के साथ जुगनुओं की बारिश होने लगती है वहाँ। तालाब के पास तारों की बारिश देखकर उसको लगता था कि वह वहीं बैठ जाए। ऐसा उसके साथ तब से हुआ जब से वह गूलर की गप में पड़ी। घना हल्का-सा ओंदा विशाल गूलर का पेड़ था। उसके पोर-पोर में नन्ही बूँदें बसी थीं। वह पूरी दोपहर गूलर बटोरती रहती थी। गूलर के नन्हे-नन्हे फलों को फोड़कर देखती रहती थी। तभी एक पका गूलर उस पर आ गिरा। उसमें से उड़ता भुनगा भनभनाने लगा। फिर क्या था, उसको और मजेदार काम मिल गया। वह पके गूलरों के बीच से निकले चमकदार कीड़ों में गुम होने लगी।

दोपहर के वक्त हवा गरम होकर खेतों से ऊपर उठने लगती है। गर्म बवंडर

उसे हमेशा से चक्करघिन्नी की तरह लगता था। कभी-कभी वह उसकी तरह गोल घूमकर भी देखती थी। बाल में दुपहरिया के फूलों को लगाकर वह खुद भी बवंडर की तरह लगने लगी थी। यह सब उसी गूलर की वजह से हुआ है।

किस्सा यूँ था कि गूलर के पेड़ और उसके अनदेखे फूल में उसकी दिलचस्पी दादी ने जगा दी थी। दादी बातें भी यूँ करती थीं, मानो तहखाने का दरवाजा खोल रही हों! जरा भी अफनाए या डरे तो बस समझो, दरवाजा बन्द, '...गूलर का फूल जो देख ले, उसका जीवन बन जाए...'

'तो क्या अब तक किसी ने नहीं देखा है...?'

'ऐसे तो नाय बा। देखा तो है...'

'त कहाँ! कईसन रहा?'

बस, तहखाने का दरवाजा खुल गया। दादी बोलने लगीं, 'इतना आदमी के परिवार में घर में काम करइ वाला कोई नहीं। हम भिनसारे उठते ही जाँता चलावै लागत रहे। एक ओरी महुआ चुअत रहा, दूसरी ओरी हमार आँसू। हम गावत रहे कि रोवत, का कही :

दो हुऐ के गए भसरू, एक ओहै के आए हो ना...
भसरू कहाँ छोड़ा लहूरा भइयवा हो ना,
कहवा ही मारा भसरू, कहवा ढकेला हो ना
भसरू, कौने विरक्ष ओटकौल हो ना...
भसरू कौन नगरिया दफनौला हो ना।'

फिर दादी इसका मतलब समझाने बैठ जाती थीं।

'इसका मतलब न बताओ दादी? फिर क्या हुआ?'

'तबई चक्की हलुक चलइ लाग। ऊ हमरे गोड़े (पैर) में गोड़ फँसाए गावइ लाग :

ऊचवई मारे भौजी, खलवा ढकेले हो ना
भौजी विरक्ष बट पे ओटकौले हो ना...'

'झूले की तरह एक पेंग तुम्हारा, एक मेरा।' श्रम से उपजे सन्तुलन और

संगीत के लयबद्ध गान का ऐसा बखान दादी करने लगीं कि लड़की को अपने पैर में लगी चोट की याद न रही।

'फिर क्या हुआ?'

'बादर गहरा गए और टूट के बरसने लगे। हम भाग के आँगन में ऊपला उठाने चले गए। फिर लौट के आए तो वो अछन्न। हम सोचे के कतऊ चली ग होई। हमार त रोज के काम रहा। तेरह साल के रहे जब बिहई के आय रहे। अगले दिन भिनसारे धान कूटइ बैठे। एक दौरी धान केऊ साथ कुटवावइ वाला नहीं। कूटत-कूटत हमार हाथ भर ग। तबई लाग केऊ हमार मूसल पकड़ लेहे ब। मूसर हलूक होई ग। उसने मेरे दूसरे हाथ में भी मूसर थमा दिया। फिर क्या, दनादन हमार हाथ चलइ लाग। हमरे हँसी से चाऊर के भूसी उड़इ लाग।'

'तो वो कौन थी? वो आपकी मदद क्यों करती थी?'

'अरे कोई और नहीं, वो तो गुलरी का फूल रही।'

'लेकिन वो तो किसी को नहीं मिलता?'

'इ त कहई के बात अहई। जेका गुलरी के फूल मिल जाय, ओकर काम आसान होई जाथ', पानी के घड़ा हलुक होई जाथ।'

'लेकिन आपको कहाँ मिली ?'

'एक बार की बात है। तुम्हारे बब्बा तब बड़ा रिसिहा रहेन। तोहार पापा पेट में रहेन और बड़कऊ बस खड़ा होइ सिखे रहेन। तोहरे बब्बा कतऊ जात रहेन। कहाँ जात रहेन कौनो रिश्तेदारी में... केकरे ईहाँ...'

'ये सब मत बताओ। ये बताओ कि तुमको गूलर का फूल कैसे मिला?'

'हाँ, त बब्बा जात रहेन। हमार जिऊ कच्चा भ रहा। बड़कऊ जोर-जोर से रोवत रहेन। हमई न मालूम का भ, हम एक रहपट मार दिहा। तोहार बब्बा होई समय उठे और हमका बल भर मारे। बस उही दिना ओसे हम पहली बार मिले।'

'तो फिर? मतलब वो कहाँ मिली?'

दादी कुछ गुम-सी हो गई थीं।

'आपकी बड़ी खराब आदत है। दो बात बोल के चुप लगा जाती हैं। अरे आगे तो बताइए।'

'हाँ, त हमार जिऊ कच्चा भ रहा। जिऊ केहेस कि गंगा माई हमका लील लेती। रिस के मारे हम रात भर नहीं सोए। भिनसारे भागे इनारा के ओरी। वही कुआँ जो गूलर के पेड़ के पास है। हम कूदने जा ही रहे थे कि किसी ने मेरा हाथ पकड़ लिया और हमको डाँटा। हम लऊट आए, मनुक रास्ते में बड़ा मीठा पका आम गिरा पाए। पेट में बच्चा रहा, पाय के मन ठीक हो गया। हम सोचे कि बगिया में बिनोद के चाची रही होएँगी, वही हमको पकड़ी होंगी, लेकिन लऊटे तब पता लगा कि ऊ अपने माइके गई हैं।'

'तो आपका मतलब, जिसने आपकी जान बचाई, वो कोई और औरत थी?'

'अरे कौन का... ऊ त गुलरी के फूल रही!'

तब से कितनी बार बादल बरसे। लिसोड़ा कट के खत्म हो गया और गूलर का पेड़ छँटते-छँटते ठूँठ में बदल गया। बड़ा तालाब पट कर मन्दिर में बदल गया। वह लड़की थी कि मन से गूलर के फूल वाली बात न गई। बचपन का एक बड़ा हिस्सा उसने इस रहस्य को समझने में निकाल दिया। कभी-कभी वह खुद गूलर का फूल बनकर देखती। शहर की आपाधापी में आज वह बहुत थक गई थी।

ट्रेन में वह किसी तरह घुसी थी। बस समझो, भीड़ ने उसे अन्दर ठेल दिया था। भीड़ में ही उसे किसी ने खड़े होने की जगह दे दी थी। बामुश्किल वह डिब्बे में खड़ी थी। आदमी पर आदमी गिरा हुआ था। ऐसी भीड़ कि लग रहा था कि दम निकल जाएगा। उसकी आँख के आगे काले-नीले धब्बों की कौंध होने लगी। माथा घूम रहा था। उसे लगा, वह नहीं बचेगी। तभी न मालूम कहीं से पानी की बोतल आ गई। कोई खड़ा हो गया और उसने उसको बिठा दिया। चाय का एक कप हवा में तैरता हुआ उस तक आ गया। साँस में साँस आ गई। उसने फिर सिर घुमाया और फिर वही बचपन के बौराए मन की तरह गूलर का फूल ढूँढ़ने लगी। फिर कुछ समझकर मुस्कुरा पड़ी।

तलाश

वह दिसम्बर की सर्द रात थी। उँगलियाँ ठंड से सुन्न हो गई थी, लेकिन एक नाम था जिसको फोन लगाते ही वह गर्माहट महसूस करने लगता था। नम्बर बिजी था।

'हो रही होगी किसी पुरानी सहेली से बात।' दुबारा लगाया, फिर भी बिजी।

लड़के को कोफ्त-सी हुई, 'यार, जब नम्बर देख लिया तब तो पलट के काल करना चाहिए। अगर यही मैं करूँ तब मोहतरमा के लेक्चर सुनो।'

नाइट शिफ्ट पूरी करके वह घर पहुँचा। त्रिशा ने दरवाजा खोला, 'आज ये कैसी लग रही है! लगता है, मैडम की नींद नहीं टूटी है।'

वरुन को त्रिशा आज अपने बेटे की तरह लग रही थी। जैसे वह नींद को बचाने के लिए रोबोट की तरह काम करने लग जाता है, बिलकुल वैसे ही। वैसे तो वरुन के आने का समय सुबह के चार बजे का था लेकिन आज तो पूरे छह बज गए थे। हो सकता है कि शनिवार को मनन को स्कूल नहीं जाना है, इसलिए। वरुन का दिमाग बस ऐसे ही सोच रहा था। देर रात तक कॉल के बिजी होनेवाली बात दिमाग में कहीं अटकी थी, लेकिन उसने पूछा नहीं।

'यार, तुम्हारा तो मुँह पानी से धुलाने लायक हो रहा है।'

यह सुनते ही त्रिशा चौंक गई। चौंकते ही उसने जल्दी-जल्दी काम करना शुरू कर दिया। 'चाय पियोगे?'

'क्या बात है, बड़े प्यार से चाय पिला रही हो?'

त्रिशा का यह घबराया-सा रूप उसके लिए नया-नया था। पिछले कुछ दिनों से वह उसे ऐसे ही पेश आ रही थी। शादी हुए पूरे आठ साल हो चुके थे। शुरू के कुछ साल छोड़ दें तो दोनों खूब झगड़ा करते थे। रही बात प्यार करने की तो हालात ने उन्हें इश्क करने का मुकम्मल वक्त कभी न दिया।

त्रिशा एक प्राइवेट बैंक में नौकरी करती थी और वरुन एक के बाद एक कई नौकरी छोड़ने के बाद पिछले दो साल से एक काल सेंटर में काम कर रहा था। इन दोनों के बीच प्यार की डोर थाम ली थी छह साल के मनन ने। मनन को दोनों ने मिलकर पाला था।

सही कहा जाए तो त्रिशा से ज्यादा वरुन ने मनन को पाला था। फ्लैट की छोटी-सी दुनिया में वरुन और त्रिशा, दोनों के परिवार से कोई यहाँ आकर रहने को तैयार न था। 'ऊपर से त्रिशा के नखरे भी बहुत हैं यार। किसी को रखने के लिए बहुत कुछ सहना पड़ता है।' वरुन को ऐसा लगता था। 'हाँ, इनके लोग आएँ और नौकरी छोड़कर उनका नखरा उठाऊँ, तब ठीक।' बहस का यह वाला हिस्सा कभी नहीं सुलटा, लेकिन कभी यूँ नहीं उलझा था कि प्यार उलझ जाए। इश्क की डोर को दोनों ने बहुत मजबूती से पकड़ा था, लेकिन अब यह डोर भी हाथ से सरक रही थी। कब से, यह कह पाना दोनों के लिए ही मुश्किल है। 'लेटे रहे छत पर पड़े-पड़े...' बस, गीतों में ही था।

जिन्दगी की इस जद्दोजहद में दोनों गायब-से हो रहे थे। कई बरसों से दोनों साथ होकर भी साथ न रह गए। छोटी-छोटी जरूरतें और छोटी-छोटी शिकायतें बड़ी होती गईं। न तो शहरों की दूरी थी और न ही दिलों की लेकिन दूरी तो थी। एक ऐसी दूरी जिस पर बात करना जैसे इस जनम में सम्भव नहीं था। एक दूसरे के करीब आने की उनकी अजीबोगरीब कोशिश थी जिससे कुछ दूरी और बढ़ जाती। एक दूसरे को और करीब पाने की इच्छा एक दूसरे से दूर जाने में बदल जाती।

'तुम्हें तो लटके-झटके अच्छे लगते हैं। वैसे बता दूँ कि जो आदमी बीवी से ज्यादा इश्क जताते हैं, वे एक तरह से उनको बेवकूफ बनाते हैं।' वरुन जब

कुछ नहीं समझा पाता तो कुछ इस तरह कहता।

त्रिशा को कभी भी यह जवाब सन्तुष्ट नहीं करता था। उसने कभी 'मियाँ, बीवी और वो' की तरह अपनी जिन्दगी को देखा ही नहीं था। वह वरुन के इस मसखरेपन को सीधे तरीके से नहीं ले पाती थी। उसे लगता था कि वरुन उसकी शिकायतों को छोटा करके टरका रहा है, लेकिन फिर भी इन झगड़ों का अन्त एक बहुत सारे प्रेम में होता था। और अगले दिन दोनों की रिक्तता और बढ़ जाती।

पारसमणि और तांत्रिक

आकाश में एक रॉकेट हल की तरह जुताई करते आगे बढ़ रहा था। मोटे धुएँ की एक लम्बी लकीर खिंच गई थी। बारीक सुनहरे रंग का फाल सब चीरता हुआ आगे बढ़ रहा था। उसकी आँखें उस पर टिक गईं। सेमल का विशाल पेड़ आसमान में फूल जड़ने लगा था। पूरे पार्क में हलचल थी। जल्दी-जल्दी भागते लोगों की जमात, जोर से हँसने का प्रयास करते लोग। ज्यादातर को वह पहचानती थी। 'कल क्या होगा' की फिक्र करके एकसार काम करते लोगों का जमघट था वह पार्क।

वैसे तो यह फिक्र उसे भी खोखला कर रही थी। आँखों के नीचे काले घेरे छुपाए नहीं छुपते थे। उसे लगता था कि वह खुद भाग रही है। बिना तेज-तेज चले ही उसे अपनी साँस फूलती हुई-सी लगती। उसका मन करता कि वरुन उसका हाथ थाम ले और कहे कि आओ, चुपचाप टहलते हैं। फिर वह दस रुपए लेकर पूरा शहर घूम ले, लेकिन ऐसा कुछ भी नहीं था। त्रिशा को लगता कि उसकी जिन्दगी उस फिल्म की तरह है जिसमें नाग-नागिन शापित हैं। दोनों एक रूप में आकर कभी एक दूसरे से नहीं मिल सकते। दिन में आदमी नाग बन जाता है तो नागिन औरत बन जाती है और जब रात को औरत नागिन बनती है तो नाग आदमी बन जाता है। एकदम से जुदा दो अलग आकार-प्रकार के जन्तु, जिनको एक संग-साथ नसीब नहीं है।

'क्यों नसीब नहीं है, सब तुम्हारी गलती है...' वरुन ने कभी कहा तो नहीं,

पर शायद हर पल यही कहता है।

त्रिशा वरुन की तरह नहीं है। बस, वह सोचती थी कि पारसमणि मिलेगी तो दोनों मिलेंगे। यह पारसमणि दिखती कैसी है, उसे नहीं पता था। शायद वह पहले बिस्तर की शक्ल में थी। शायद वह रसोईघर के बर्तनों की शक्ल में थी। शायद वह वाशिंग-मशीन की शक्ल में थी। शायद वह ...शायद वह... लेकिन उसने सुना था कि वह बहुत चमकती है। वहाँ तक जाने का रास्ता बहुत खतरनाक है। रास्ते में बहुत मुश्किलें आ सकती हैं, लेकिन क्या हुआ—सात जंगल, सात आसमान, सात समन्दर? क्या...क्या लोगों ने पार किया था? लेकिन जिसको मिल जाती है, उसके लिए सेहरा नखलिस्तान बन जाता है। साल भर पहले तक उसको यकीन था कि उसका फ्लैट ही पारसमणि है। एक अपना घर। कब आऊँ, कब जाऊँ, कोई पाबन्दी नहीं। मैं और वरुन एक साथ हाथ में हाथ थामे बैठेंगे। एक खिड़की होगी और वहाँ से वह बादलों को आवाज देगी और वह रंग-बिरंगे चित्र बनाकर उसकी बालकनी पर आ जाएँगे। पीले कनेर उसकी खिड़की से झाँकेंगे और वह उनके गुच्छे की तरह खिल उठेगी, लेकिन वह पारसमणि नहीं निकला। वह तांत्रिकों का जाल था। वह और काम करने लगी। उसे तो पारसमणि चाहिए जिससे दोनों पूरा-पूरा एक दूसरे से प्रेम कर सकें।

वरुन को लगता था कि त्रिशा पैसे के पीछे पागल है। उसकी ख्वाहिशें बढ़ती जा रही हैं, लेकिन वह उसकी शिकायत सीधे नहीं करता था। करता भी कैसे? उसे भी कुछ पल के लिए अपनी शिकायतें हवा लगती थीं। त्रिशा के दम पर वह अपना गुस्सा अफोर्ड कर सकता था। घर की किस्त, बच्चे की देख-रेख, परिवार के अन्य लोगों की इच्छाएँ—सब कुछ को त्रिशा ने किसी तरह सन्तुलित किया था। वह कुछ-कुछ समझता भी था, 'लेकिन यार, मैं तुम्हारी तरह नहीं हूँ। मतलब यही कि मैं ऐसी बकवास नौकरियों के लिए नहीं बना हूँ। मुझसे किसी की ज्यादा रोबदारी बर्दाश्त नहीं होती।'

'तो मुझे बड़ा अच्छा लगता है?' त्रिशा पलटकर कहती और फिर शुरू हो जाता बन्द सड़क का रास्ता। त्रिशा को लगता था कि वह पारसमणि ढूँढ़ रही है।

बैंक में काम करते-करते अचानक त्रिशा का ध्यान उस लड़के पर चला गया जो उसका हाथ घंटों पकड़े रहता। 'अब तो छोड़ दो, हाथ में पसीना आ गया। अच्छा, चलो, यह दूसरा वाला हाथ पकड़ लो।' वह हाथ पकड़नेवाला लड़का कहाँ चला गया? ऐसा क्या हो गया कि ऑफिस से लौटे वरुन की जैकेट छू भर भी जाए तो वह चिड़चिड़ाने लगती है? वैसे भी बिस्तर उसे षड्यन्त्र की तरह लगता था। पूरा दिन जब साँझ को सारे पंछी अपनी डार पर जाकर अपने दिन भर के नापे आकाश की बातें करते तो वह बस खामोशी से देखती भर होती है। क्या पक्के घड़े को थाम चिनाब पार करने का हौसला रखनेवाली त्रिशा बदल गई थी? उसका घड़ा कब कच्चे घड़े में बदल गया? सास ने बदला, ननद ने बदला? पता नहीं, किसने बदला? क्यों खुद के डूबने का अन्देशा उसे कभी-कभी होने लगा था?

'तुम्हें सैलरी कब मिलेगी', 'किस्त दे दी', 'टीवी रिचार्ज कर देना', 'मनन की ड्रेस धोनी है' वगैरह-वगैरह संवादों की लिस्ट लम्बी थी। कई बार उन्हें मन-ही-मन लगता कि इन कामों को कोई नम्बर दे दिया जाए। जैसे सब्जी लाने को नम्बर एक, फोन रिचार्ज करने को दो। क्योंकि ये कोई संवाद नहीं थे। यह संवादहीनता का चरम था।

वरुन भीतर-भीतर खाली होता जा रहा था। उसकी रूमानियत भी खो चुकी थी। लगता था कि वह मानो सबसे नाराज है। और सबसे ज्यादा पारसमणि से। वह रोज बैठकर मालिकान को कोसता था। कभी कहता कि चलो, किसी गाँव में चलते हैं। कभी कहता कि चलो, पहाड़ों में रहेंगे। बदले में उसकी रूमानियत को कभी रंगों से भर देनेवाली त्रिशा यथार्थ का घड़ों पानी डाल देती थी। वह हर तीन महीने पर नौकरी छोड़ देता था। हर बार नौकरी छोड़ने के बाद और चिड़चिड़ा और बदहवास हो जाता। हर बार नौकरी छोड़ने के बाद यह त्रिशा को करीब पाने के लिए परेशान होता जाता और हर बार त्रिशा की करीबी उसे कड़वाहट से भर देती थी।

दिसम्बर की वह सर्द रात बड़ी खास रात थी। उस दिन उसने देखा था कि बीमार होने के बाद भी त्रिशा ऑफिस जा रही थी। उसका दिल भर आया। बड़े

दिनों बाद उसने बस यूँ ही फोन किया था। बस, यूँ ही। अपना पुराना वाला वाक्य वह दुहराना चाहता था। कितना अच्छा था, जब वे दोनों एक साथ नहीं रहते थे! कितना अच्छा था जब एक चाय साथ पीने के लिए सारे जहान का खतरा उठाते थे! वे चाय भी यूँ पीते थे मानो धरती के उस लम्हे को वहीं रोक देंगे! पानी के गरम होकर ऊपर उठने, भाप पिघलकर हवाओं में बहने और टूटकर धरती पर बरसने की यात्रा वे दस रुपए में कर लेते थे।

बहरहाल यह सब सोचकर वरुन को दुकानवाले का भी बरसना याद आ गया : 'खैरात के लिए दुकान नहीं खोली है। एक्स्ट्रा बैठने का यहाँ पैसा लगता है। एक घंटे का पचास रुपया।'

त्रिशा की जमकर लड़ाई हुई थी दुकानवाले से। वरुन की जेब में तब भी इतना न था कि मुँह पर मार देता। शायद वही वह दिन था जब से त्रिशा पारसमणि के पीछे पागल हो गई।

वरुन सोचने लगा : फिर से डालूँगा त्रिशा के पर्स में वो पर्चियाँ, जब वह उससे कभी-कभी मिलती तो डालता था, 'अच्छा हूँ, याद करता हूँ, प्यार करता हूँ।'

होमियोपैथिक दवाइयों की पर्ची की शक्ल में वे चिट्ठियाँ त्रिशा को बहुत अजीज थीं। त्रिशा पहले उन्हें देखकर बच्चे की तरह खिल जाती थी। अब तो वे उसे किसी पुराने रोग की याद दिलाते हैं।

वरुन का मन आज बहुत पिघला हुआ था। कई महीनों बाद उसे त्रिशा से मिलने की यूँ बेताबी हुई थी।

'...हम रात को कभी-कभी चाँद में भरते रंग को देखते थे। वो दोस्ती तो अब नसीबे-दुश्मना हुई। वो छोटी-छोटी रंजिशों का लुत्फ भी चला गया। उसको मेरे लिए वक्त ही नहीं।' त्रिशा वक्त को जितना पीछे ले जाकर पुरानी जिन्दगी की निफिक्री जीना चाहती, वह उतनी ही वरुन से दूर हो रही थी। वह खूब कोशिश करती कि जल्दी से जल्दी पारसमणि हासिल कर ले। तांत्रिकों को वह चकमा देती रहती, लेकिन...

त्रिशा थक गई थी अधूरेपन से। उसने एक कोलाज बनाना चाहा। वह

किसी से फिर यूँ ही बात करना चाहती थी। वह चाहती थी कि फिर से कोई फूलों की पंखुड़ियों को गिनकर बताए और एक गलत गिनती करके कहे कि 'तुम भी एक पंखुड़ी हो वरना ये फूल अधूरा है...'

'तुम गान विद द विंड की ओ हारा हो...बस, तुम्हें प्लर्ट करते लोग अच्छे लगते हैं...' वरुन ने एक बार मजाक में कहा था।

'तुम क्या हो...मैं तो तुम्हें वही मानती हूँ। अब तक वही पुराना वाला लड़का, जो मेरे साथ खाना बनाना चाहता था, बाजार जाना चाहता था, जो मेरे साथ जीना चाहता था और यही लड़की उसको पसन्द थी। आज मैं तुम्हें... कितने दिन हो गए इस बात को!' त्रिशा आधा-अधूरा-सा कुछ कहकर किसी और बात को लेकर चिल्लाने लगती थी और फिर बातचीत बन्द कर देती थी। उसे लगता था कि वह मनाएगा।

और वरुन तो सबसे रूठा हुआ ही था। ठंड में शीतयुद्ध को सिर्फ विराम मनन ही देता था।

'मैं इस नम्बर की कॉल डिटेल निकलवाना चाहता हूँ।' वरुन के हाथ में एक लम्बी लिस्ट थी। 'ओह, तो इस नम्बर पर इतनी देर तक बातें होती हैं? इतनी रात तक?' वरुन का पूरा शरीर झनझना गया। वह गुस्से से काँप रहा था।

त्रिशा बस कह रही थी, 'तुम्हें तो मेरे लिए फुर्सत ही नहीं...लेकिन मैं उससे प्यार नहीं...' वह बोल रही थी लेकिन उसके भीतर की ताकत खत्म-सी हो गई थी। वह क्या कहती कि वह तो प्यार ढूँढ़ रही है...?

इस बात को बीते बरस हो गए। पारसमणि दूर चमक रही थी। तांत्रिकों का झुंड जीत गया था। उनके यज्ञ में एक मोहब्बत स्वाहा हो चुकी थी। बच्चे का स्कूल बैग, मकान की किस्त, टीवी का रिचार्ज, फोन का बिल बदस्तूर था। त्रिशा और वरुन खुद को शापित नाग-नागिन की तरह महसूस नहीं करते थे। उन्हें तो कब के एनाकोंडा खा चुका था।

नीम के आँसू

पूरा गाँव भन्ना रहा है। दिन के ग्यारह बज गए हैं। सूरज टीन की तरह तपकर झुलस रहा है। पूरे गाँव में एक खट्टी-सी महक भरी हुई है। बब्बा को खाट पर से उतारा जा चुका है। नब्बे साल के बब्बा इस साल तीन बार खाट से उतारे जा चुके थे। सूखकर एकदम गठरी हो गए बब्बा में न मालूम जीने की कौन-सी ताब बची थी कि गंगाजल की दो बूँद पड़ी नहीं कि आँखें खोल देते थे।

और इसके साथ ही चाची का बड़बड़ाना शुरू हो जाता, 'इनकर पेट न अहै, मड़ार अहै। जब तक कुल न लील लीहैं, तब तक न भरी।'

चाची भी क्या करतीं! घर की माली हालत, घर की तरह ही गिर चुकी थी। किसी तरह ढाँक-तोपकर घर का गुजारा चल रहा था। कमानेवाला कोई नहीं और खानेवाले ढेरों मुँह। बभनौटी का चलन ही ऐसा था कि कोई औरत खेत में जाकर काम नहीं कर सकती थी। ऊपर से खेत का काम चाची को आता भी नहीं था।

मुँह-अँधेरे किसी का गेहूँ साफ करके, किसी की दाल दल के चाची कुछ अनाज बटोर लाती थीं, लेकिन पिछले तीन दिन से घर का गुजारा निछान आलू पर हो रहा था। बब्बा उर्फ जगबेटा ने सारी उम्र खेत बेचकर घर की शान-शौकत बनाए रखी। मेहनत की न तो उनको आदत थी और न ही मजबूरी।

पुरानी जमींदारी की जमीन अभी भी उनका पेट पालने के लिए काफी थी। खेत में जाना और काम करना उनको मंजूर नहीं था। और अधिया यानी बटाई पर खेती लग्गी से घास काटने जैसी था। खैर, एक-एक कर खेत-दुकान सब पराये हो गए। और जब तक बब्बा को समझ आई, वह शरीर और मन, दोनों से टूट चुके थे। चार बेटियाँ और एक बेटा। वह बेटा भी मुम्बई की भीड़ में हमेशा के लिए खो गया और पीछे छोड़ गया गर्भवती पत्नी यानी चाची।

कैसे होगा इन्तजाम? कौन करेगा किरिया-करम?—गाँव भर में यही चर्चा थी। कानों-कान सबको बब्बा के मरने की खबर मिल चुकी थी। अपना-अपना काम निपटाकर, चाय-नाश्ता करके ही घर से निकलना ठीक है, लगभग सबने यह तय कर लिया था। वैसे भी सबको अन्दाज है कि इतनी जल्दी मिट्टी उठवाने का उस घर में किसी में दम नहीं, लेकिन जाना तो पड़ेगा। आखिर चहकारी (मृत्यु के बाद रस्मन मिलना) जरूरी है। गाँव भर के लोग एक दूसरे के यहाँ बच्चों को भेजकर पता करा रहे थे कि बब्बा के यहाँ कौन-कौन पहुँचा। सबके मन में एक ही डर समाया था कि कहीं कोई हाथ-गोड़ जोड़कर उधारी न माँग ले। सामने पड़ी मिट्टी और ऐसे माहौल में कहीं कुछ देना पड़ा, तो वापस कौन करेगा?

बब्बा के घर की सबसे छोटी बेटी घर-घर जाकर सबसे उम्मीद-भरे स्वर में उधारी की याचना कर रही थी। गाँव-भर को सूद पर उधार देने में पारंगत ठाकुर मुसाफिर सिंह को यह कर्ज देने में कोई रुचि नहीं थी। हँसी-ठिठोली में भी दया-क्षमा की बात का एक ही जवाब था, 'घोड़ा घास से दोस्ती करेगा तो खाएगा क्या?' बात-बात पर अपना एटीएम कार्ड थमा देनेवाले, जीप और बलैरो के मालिक भगवान शंकर मिश्रा आज घर से ही नहीं निकले और कहला भेजा कि उन्होंने गुरुमन्त्र लिया है और मरनी-करनी में नहीं जा सकते। पूरे गाँव में सिर्फ नीम के आँसुओं की आवाज थी और निमकौरी चारों ओर बिछती जा रही थी।

बँसवारी के बाँस आपस में उलझकर टूट पड़ने को आतुर थे। उनकी अर्राहट पूरे माहौल में एक डर घोल रही थी। इस गाँव में ज्यादातर लोग आपस

में पट्टीदार हैं यानी खानदान का कोई न कोई एक सिरा आपस में जुड़ता है, लेकिन ज्यादातर घर एक दूसरे से पीठ किए खड़े थे। आपस में मुकदमा-फौजदारी की पुरानी रस्म थी। कोई किसी का रास्ता बन्द करने में अपनी ताकत झोंके पड़ा था तो कोई किसी की नाली। रही बात सुख-दुख की, यह तो राज-काज है। हर घर में कोई न कोई बीमार और कोई न कोई कष्ट। सच पूछो तो कहीं किसी के घर में परेशानी की खबर से ज्यादातर लोगों को अपार तृप्ति मिलती थी। भगवान यहाँ उनके दुखों पर ऐसे ही मरहम लगाता है।

गाँव की औरतें एक दूसरे को कोस और गरिया रही थीं, 'इतनी देर से मिट्टी पड़ी है। इनका सबै के लाज नाय आवत।' और कुछ अपने हाथ खाली होने से सच में दुखी थीं। तभी बच्चों ने आकर खबर दी कि बब्बा के घर कोई गाड़ी से आया है। यह खबर गाँव में आग की तरह फैल गई। सबने फटाफट काम किनारे किया और बब्बा के घर का रास्ता ले लिया। बड़की बिट्टी आई है। बब्बा से ज्यादा बड़की बिट्टी को देखने के लिए भीड़ जुटनी शुरू हो गई।

आज से पाँच साल पहले अहिराने के महेन्दर यादव के साथ भागी बड़की बिट्टी पहली दफा गाँव आई थी। गाँव आने की कोशिश तो उसने पहले भी की थी, लेकिन पूरा गाँव उलटकर एक हो गया था। फिर उसकी हिम्मत नहीं पड़ी। भाग्य ने पलटा खाया, बड़की बिट्टी का आदमी पुलिस में इंस्पेक्टर हो गया। उसी की जीप में बैठकर बिट्टी गाँव आई थी।

बिट्टी के आते ही कफन, लावा, टिकठी सब जुट गया। बब्बा की मौत हो गई है, यह भी सबको याद आ गया। गाँव के लाला की अम्मा कढ़ा-कढ़ाकर (गा-गाकर) रोने लगीं। बब्बा की शान-शौकत, फराखदिली के किस्से चल निकले। जोर-जोर से रोने का आरोह-अवरोह, दहाड़ें और पछाड़ें। पूरा गाँव सक्रिय हो उठा था। सौ-सौ के दो कर्रे नोट पाकर रवि बाबू कच्चे बाँस चुन-चुनकर कटवाने लगे।

इस भीड़-भाड़ में एक और इनसान था, जिसकी किसी को भी सुध न थी। बब्बा की पत्नी उर्फ गोमती अम्मा। दुख, अपमान और गरीबी ने उन्हें इतने थपेड़े मारे थे कि अधेड़ होते-होते उनका शरीर पूरी तरह से झूल गया था।

चिन्दी-चिन्दी बटोरकर अम्मा ने अब तक घर चलाया। कहते हैं, अम्मा शहर की तरफ की थीं। पूरे गाँव में वह पहली महिला थीं जो शौच जाने के लिए पानी का डिब्बा लेकर जाया करती थीं। गाँव के रिवाज के मुताबिक ब्राह्मण-क्षत्रिय औरतों का शौच आना-जाना किसी को पता नहीं चलना चाहिए। बब्बा और उनका सम्बन्ध जगजाहिर था। खेत बिका, दुकान बिकी, लेकिन पैसा बाजार में आया और वहीं चुक गया। अम्मा ने पूरे गाँव में पहली दुकान खोली थी। और सबने नाम दिया : 'दौड़ा कम्पनी'। लेमनचूस, नल्ली, चुर्री, नमकीन और चाय की पत्ती ने अम्मा को एक वक्त में बड़ा सहारा दिया। बाजार दूर था लेकिन बभनौटी की वह पहली औरत थीं जो बाजार जाती थीं, लेकिन बेटे की मौत का दुख उन पर फालिज बनकर टूटा। ठीक तो हो गईं, लेकिन बाजार जाकर सौदा लाने का दम नहीं बचा। वक्त के साथ हालात और भी खराब ही हुए। अब तो गाँव में और भी दुकानें खुल गईं। जैसे काँकर, वैसे बिया। यानी जैसा फल, वैसा बीज। बड़की बिट्टी घर से भागी तो हर किसी ने ताने की झड़ी लगा दी। शादी-ब्याह में अम्मा का काम किलो-किलो भर उड़द पीसना हो गया, लेकिन रसोईघर में जाकर सब्जी चलाने की अनुमति नहीं मिली।

बड़की बिट्टी अम्मा के गले मिलीं और हाथ में पारले बिस्कुट थमा दिया। अम्मा ने फट कोठरी का दरवाजा उढ़काया और बिस्कुट को पानी से भिगोकर बच्चों की तरह खाने लगीं। बिट्टी को गले लगाकर अपने हाथ से उतारकर प्लास्टिक का कड़ा थमाते हुए उन्होंने कहा, 'बिटिया, ई हमार कड़ा रख ल्या, बाद में दै दिह्व, इनन रंडी अभै हमार कड़ा तोड़ देइहैं।'

पेट में थोड़ी जान पड़ी तो आँखों से आँसू छलछला। उठे और अम्मा का रुदन पूरे गाँव में भर गया : 'नदिया का गाड़ा, जीयतै खाइस, मोइते खाइस।'

बॉडी लैंग्वेज

नावेद जब बोलता है तो उसकी गले की नसें फूल जाती हैं, चेहरा भी तमतमाने लगता है। साफ पता लगता कि टॉपिक को लेकर ओवर इमोशनल हो रहा है...।

यह क्लास का एक्टिविटी सेशन था। छात्रों के एक ग्रुप को दूसरे ग्रुप की कमियाँ बतानी थी। सबने एक दूसरे की कमियाँ गिनानी शुरू की। मैडम घोष ने शैली को बोर्ड पर सारी कमियों की लिस्टिंग का जिम्मा दिया। बैड कम्यूनिकेशन, लैक ऑफ नॉलेज, लैक ऑफ कान्फिडेंस, इम्प्रापर बॉडी लैंग्वेज—एक सर्पीली लिस्ट बननी शुरू हुई। धीरे-धीरे उस सर्पीली लिस्ट ने छात्रों को बाँधना शुरू किया। बोर्ड पर विशाल अजगर करवटें लेने लगा। भयावह बड़े मुँहवाला अजगर नन्हे छौनों को निगल रहा। छौने के दो छोटे-छोटे पाँव हवा में तड़पड़ा रहे थे। ग्रुप डिस्कशन का टॉपिक था : स्पेशल इकोनॉमिक जोन बून ओर बेन।

नावेद का सिर अभी तक झनझना रहा है। यमुना के किनारे से लेकर देहरादून शहर के किनारे तक की पट्टी सेज के तहत आती थी। उसके देखते-देखते लीची के बाग, आम के बाग कटे। गहरे हरे रंग से ढँकी बासमती के खेतों की खुशबू न मालूम कहाँ खो गई! कैसी बकवास कर रहा था सचिन कि सेज ने माइग्रेशन रोका है। पहले पहाड़ के आदमी को पहाड़ में रोजगार नहीं था। काम की तलाश में दूसरे शहरों में भटकता रहता था। अस्पताल,

सड़कें, स्कूल, पूरा का पूरा इन्फ्रास्ट्रक्चर डेवलप करता है सेज। वेस्ट पड़ी जमीन का सही इस्तेमाल होता है। पक्का सचिन ने सेज के फायदे सम्बन्धित कोई आर्टिकल पढ़ा है। पढ़ा क्या होगा, रटा होगा क्योंकि टॉपिक तो पहले से पता था।

नावेद ने व्यंग्य से कहा, 'उदाहरण के लिए देहरादून को देखिए, कैसे वेस्ट पड़ी जमीन का इस्तेमाल किया गया है,' फिर वह बोलता गया। बोलते-बोलते अंग्रेजी दगा दे गई, 'लीची और आम के बाग और भी जाने कितने फलों की पट्टी थी हाइवे के किनारे। सड़कें तो यहाँ पहले भी थीं, जरा बताओ, कौन-सी नई सड़क बनी है? कौन-से नये अस्पताल खुले हैं? कौन-सा नया स्कूल कम्पनियों ने बनवाया है?

'कम्पनियों को कहकर देखे सरकार कि जाओ, पहाड़ में रोजगार दो। कुछ सड़क बनाओ, अस्पताल बनाओ। वहाँ तो आलू का खेत तकते-तकते दिन निकल जाता है। सड़क तक आते-आते कमर झुक जाती है।' बोलते-बोलते कब वह अपने पिता का दुख बयान करने लगा, उसे पता नहीं चला। वह ग्रुप डिस्कशन की क्लास में असल डिस्कशन करने लगा।

नावेद का अपना घर त्यूनी में था। उसके अब्बू का फलों का काम था। सहसपुर में रखवाली, तुड़ाई और फलों का सौदा करते थे। इस काम में उनका पूरा परिवार लगा हुआ था। बाबा-चाचा सब। पिछले दो वर्षों से उनका यह रोजगार किसी तरह से चल रहा था।

इस सचिन का क्या, इन लोगों ने यहीं मकान बना लिया है। डेढ़ सौ गज में दस कमरे और उसके ऊपर भी दस। इसे प्लेसमेंट की क्या जरूरत! सेज ने तो इसे क्या, इसके मकान तक को मैनेजर बना दिया।

नावेद का सिर झनझना रहा था। देहरादून की खूबसूरत पहाड़ों की तलहटी में बसे माइट की एमबीए का फाइनल सेमेस्टर 2007-08 का बैच कभी सचमुच में, तो कभी अंग्रेजी माँजने के लिए क्लास के बाहर भी ग्रुप डिस्कशन में उलझ जाता। कब वह बहस होती, कब बहस की रिहर्सल का हिस्सा, कहना मुश्किल था। बस, बीच-बीच में फक-शक, फक-शक की ध्वनि जरूर सुनाई देती थी।

हर बार ध्वनि के साथ प्यार, गुबार, क्षोभ के अलग-अलग भाव भरे हुए थे।

मिसेज घोष की क्लास अभी-अभी ओवर हुई थी। वह इस कॉलेज की प्लेसमेंट ट्रेनर थीं। इन दिनों उनकी क्लास खचाखच भरी हुई होती है। पिछले छह साल से मिसेज घोष अपनी प्रतिभा के दम पर इस कॉलेज में बनी हुई हैं। मैंगो कट बाल, डीप ब्लाउज और सिफॉन की साड़ी में वह बेहद आर्कषक लगती थीं। अंग्रेजी बोलने की उनकी खास अदा थी। ऐसी कि बड़े-बड़े अंग्रेजी बोलता भी लड़बड़ा जाएँ। उनका काम था स्टूडेंट्स की अंग्रेजी ठीक करना, उनकी पर्सनैलिटी डेवलप करना।

नावेद जानता था, अगर प्लेसमेंट लेनी है तो मैडम घोष से पासिंग टिकट लेना पड़ेगा। वह मिसेज घोष से अलग से मिलने गया। जीडी सेशन की सुबह की बेवकूफी के लिए माफी माँगना चाहता था। कौन-कौन-सी कम्पनी आ रही हैं, दरयाफ्त करना चाहता था।

मिसेज घोष ने उसके शुरुआती दो वाक्य मुश्किल से सुने। फिर हमेशा की तरह वह कहने लगीं, 'वैसे कोई भी कम्पनी आए, पहले वह आपकी पर्सनैलिटी देखेगी।'

'यस मैम, आई अंडरस्टैंड। मेरी पर्सनैलिटी में कुछ बैरियर है। मेरा कान्फिडेंस कम है।'

'...और इंग्लिश कम्यूनिकेशन पुअर और प्लीज, वर्क ऑन योर बॉडी लैंग्वेज।' मिसेज घोष ने जोड़ा। 'ठीक है, आप लोगों से क्लास में बात होगी। नाउ गो।'

मिसेज घोष ने बमुश्किल हिन्दी में यह कहा और यूँ कहा मानो उनकी जबान किसी विदेशी उच्चारण से झगड़ रही हो और वह थोड़ी टेढ़ी होकर कुछ अटक-सी जा रही हो।

नावेद चुपचाप बाहर निकल गया।

पीजी के कमरे में वह शीशे के सामने खड़ा होकर कुछ बोलने का अभ्यास करने लगा। वह कभी आँखें मिचियाता, कभी कन्धे उचकाता। हाथों को थोड़ा खोलकर थोड़ा फैलाता, फिर वापस समेट लेता। कभी-कभी वह चेहरे पर

एक व्यंग्य-भरी मुस्कुराहट ले आता, कभी आश्चर्य से आँखें मिचियाता। वह अभ्यास कर रहा था, प्रापर बॉडी लैंग्वेज की। पर थोड़ी देर में वह थक गया। उसे लग रहा था कि वह अभिनय कर रहा है। कभी वह सचिन बन जाता, कभी शुचि, कभी मिसेज घोष। वह आईने में इतने लोग देखकर घबरा गया। 'आल द एक्सप्रेशन आर इनकम्प्लीट बिदाउट बॉडी लैंग्वेज। वह आपके मन का आईना है।' आईने में कोई कह रहा था। वह डर गया क्योंकि वह आईने में था ही नहीं। बाहर बारिश हो रही थी। जैसे बादल फट जाएगा। आसमान पानी उलीच रहा था।

रातना नदी के किनारे हिमालय की तलहटी में यह विशाल बिल्डिंग बनी हुई थी। साल और सागौन के जंगल साफ करके यह इंस्टीट्यूट खड़ा था। बिल्डिंग के बीचोबीच एक बूढ़ा बरगद भी था—लम्बी-लम्बी जटाओं को कंक्रीट में धँसाए, अपने होने पर आश्चर्य करता हुआ। पूरी बिल्डिंग सेंट्रली एयरकंडीशंड थी। चारों ओर काँच से ढँकी हुई। सूरज की किरणें जब कंक्रीट के जंगल को लाँघकर बरगद को छूतीं तब वह सिहर उठता। बूढ़े की तरह थोड़ा हिल-डुलकर अपनी जवानी के किस्से किसी को सुनाने को बेताब हो जाता, लेकिन उसके आसपास कोई नहीं था। प्लास्टिक के फूलों की एक लता उस पर लिपटी हुई थी। वह कभी-कभी सिर झटकता, यह जानने के लिए कि कहीं वह खुद भी प्लास्टिक का तो नहीं? जरा-सा हिल-डुलकर फिर खामोश हो जाता। बाहर से छात्र बरगद को काँच की दीवारों से देख सकते थे। यह बरगद मालिकान का टोटका था या फेंगशुई या प्रकृति-प्रेम, कह नहीं सकते। बगल में बहती रातना यानी दिन-रात बहनेवाली नदी तो सदानीरा थी। न मालूम, कब वह बदल गई! अब तो वह अपने लोगों को ही निगलने लगी है। अक्सर ही इस पार पेट से जमीन उगल देती है। हर साल बिल्डिंग का एक सिरा इसके पास तक खिसक आता है। वह थोड़ा और खिसक जाती है। दूसरी ओर यह नदी कितनी झुग्गियों को निगल करके निचाट पथ पर पटक-पटककर मार देती। नदी लगातार मायट को बजरी और जमीन देते-देते पागल हो गई है शायद। माँ की तरह पूजते लोगों पर ही हमला

कर देती है। पिछले दस सालों में यह इंस्टिट्यूट विशाल और विशाल हुआ है और यह नदी विकराल।

नावेद कमरे में अभ्यास कर रहा था। मौन होकर जैसे एक्टिंग कर रहा हो! लेकिन रह-रहकर उसके गले की नसें फूल जा रही थीं। बी.कॉम. करके एम.बीए. करने आया था। बी.कॉम. करके वह वापस त्यूनी चला गया था।

एक दिन उसके घर पर एक फोन आया, 'आपके बेटे के बी.कॉम. में मार्क्स अच्छे हैं। हमारा कॉलेज उसे एमबीए करने के लिए विशेष डिसकाउंट देगा।'

नावेद तो जैसे पागल हो गया था। सपने की कुंजी जैसे खुद ताला खोल रही थी। लोन लेने से लेकर एडमिशन तक में कोई दिक्कत नहीं हुई।

काउंसिलिंग रूम में मुस्कुराते चेहरों के साथ सीनियर्स की फोटो लगी थी। हर किसी ने मायट का शुक्रिया अदा किया था। काउंसलर ने उसके अब्बा को कुछ यूँ समझाया था, 'जैसे आप बाग देखकर फलों का अन्दाजा लगा लेते हैं और इतना रुपया इकट्ठा दे देते हैं, वैसे ही कम्पनियाँ माइट के स्टूडेंटस के बारे में सोचती हैं।

कम्पनियाँ माइट के स्टूडेंट्स के बारे में क्या सोचती हैं, दो वर्षों के इस अन्तराल में नावेद के सामने सब स्पष्ट हो चुका था। एडमिशन के समय पड़ा सुनहरा पर्दा कब के फट गया, समर इंटर्नशिप के दौरान अनगिनत कम्पनियाँ आईं। अलग-अलग नाम। अलग-अलग लोगो। अलग-अलग सीईओ, लेकिन सब ने छात्रों को एक ही काम दिया—सेल्स। बेचो। फर्मा, मीडिया, बैंक, एजूकेशन—सेकेंडरी डाटा जुटाओ, सेकेंडरी न मिले तो प्राइमरी भुनाओ। बस, बेचो और फिर उसको रिकॉर्ड करो, फाइल बनाओ।

किसी तरह रो-धोकर नावेद ने समर इंटर्नशिप की थी। उसकी घबराहट बढ़ती जा रही थी। वह कभी मिसेज घोष की तरह चेहरा बनाता तो कभी सचिन की तरह। वह आईने में खड़ा होकर अभ्यास कर रहा था कि किस चीज के इमोशन को कैसे मैनेज करना है। जब ज्यादा लोग फेवर में हों तो अगेंस्ट हो

जाओ। जीडी में कम्पनी सब देखती है। मार्केटिंग के लिए कम्पनी आए तो आक्रामक दिखो। बूचर बनो, काटो-छाँटो। एच.आर. के लिए कम्पनी आए तो शान्त, गम्भीर तर्क रखो। अन्त में सबकी बात को इकट्ठा करो। लीडर बनो। और यह पक्ष-विपक्ष कुछ नहीं होता। फोकस करो नौकरी पर। नावेद आईने के सामने प्रैक्टिस कर रहा था।

पेड़ कटे, जंगल जला। रोजगार नहीं मिला। हर दो-तीन साल बाद खेतों का नाश करके भागती कम्पनियों ने कौन-सा अस्पताल बनाया है, कौन-सी सड़क बनाई है, यह नहीं सोचना है। कम्पनी आपकी कम्यूनिकेशन स्किल देखती है। अपने एम्प्लायर को देखो, उसके टेम्परामेंट को देखो। आपका आब्जेक्टिव नौकरी है। पूरा फाइनल सेमेस्टर इसी पैटर्न पर काम कर रहा था। लोगो, सीईओ, टर्नओवर, कम्पनी का स्वाट एनालिसिस। नींद में भी यही सबकुछ।

कॉलेज की हवा में जहर-सा घुला था। कहते हैं, सुदूर अमरीका में लेहमन ब्रदर्स का दिवाला निकल गया है। वहाँ अनगिनत मकान बनाए गए थे कि लोग खरीदेंगे। मकान बिके नहीं। बैंकों का कर्जा बढ़ा। कर्जा देने के लिए कर्जा दिया गया। तब भी असर नहीं हुआ। मन्दी अपने लपेटे में सब कुछ ले चुकी थी।

सार्थक सबको वैश्विक मन्दी के बारे में बता रहा था। अमरीका, दुबई, भारत गोल-गोल घूमती हवा, टारनेडो—नावेद का दिल डूब रहा था। कोई किसी से बात नहीं कर रहा था। सोमेश मन्दी का अर्थशास्त्र, भूगोल, विज्ञान सब खँगाल रहा था। वह भी इस उम्मीद के साथ कि शायद यह समझने से उसको नौकरी मिल जाएगी। कल्पना को समझ नहीं आ रहा था कि इतना कर्जा हमारे यहाँ तो देते नहीं। कॉमन सेंस इन प्रश्नों का उत्तर देने में अक्षम था। पिछले बैच के तीन सौ लोगों में से डेढ़ सौ लोगों की नौकरियाँ जा चुकी थीं।

कश्मीर से लेकर उत्तर पूर्व तक एक थे यहाँ। बारामूला से आया अशफाक, आइजोल से आया शेनफ्रे और इन दो स्थानों के बीच से आए अनगिनत लोग दरअसल चुप थे। कब कौन क्यों बोल रहा है, कहना मुश्किल था। कैंटीन में बस बीच-बीच में शक-फक की आवाज सुनाई पड़ती। शेष अंग्रेजी माँजने की कवायद ही थी।

इस पूरे माहौल में मिसेज घोष पर दुहरी जिम्मेदारी थी। स्टूडेंट्स के साथ मालिकान को भी जवाब देना था। कोई भी कम्पनी स्टूडेंट्स को लेने के लिए तैयार नहीं थी। जिन कम्पनियों का कॉलेज से करार था, उन्हें सिर्फ मार्केटिंग के लिए इक्के-दुक्के लड़के चाहिए थे। प्लेसमेंट की तैयारी जोरों पर थी। मिसेज घोष को हर रोज रिपोर्ट देनी थी। एडमिशन का सीधा वास्ता प्लेसमेंट से था।

भारत को पाकिस्तान पर आक्रमण करना चाहिए या नही?, नैनो क्या, बाइक मार्केट पर संकट है—अनगिनत बहसें। भौं-भौं, झौं-झौं। एक स्वर, एक मकसद—नौकरी।

कैम्पस प्लेसमेंट के लिए कुल पाँच कम्पनियाँ आईं। छात्रों को आईना दिखाने। भौं-भौं, झौं-झौं की प्रतियोगिता हुई। तमाम लिखित प्रतियोगिताएँ हुईं लेकिन किसी का चुनाव नहीं हुआ। छात्रों में असन्तोष बढ़ता जा रहा था। अचानक पता चला कि सबको पाँच-पाँच हजार रुपए जमा करने हैं। कोई निजी प्लेसमेंट कम्पनी कॉलेज में नौकरियाँ लेकर आएगी। उम्मीद की लहर दौड़ी। दो दिन में प्लेसमेंट ऑफिस में पैसे जमा हो गए। एक प्लेसमेंट कम्पनी आई। उसने कुछ को छोड़कर सबको कहीं-न-कहीं फिट करा दिया। नावेद को भी काम मिला, एक आग बुझाने की कम्पनी में। सबने आनेवाले स्टूडेंट्स के लिए मैसेज दिया। अगले बैच के एडमिशन की तकरीबन सीट भर गई।

रातना नदी थोड़ा चौंक गई। अभी तक उसने इस तरफ चीखते-पुकारते लोग सुने थे, लेकिन आज माइट की तरफ चीख-पुकार मची थी। तीन महीने तक ज्वाइनिंग टालने के बाद कम्पनियों ने छात्रों को लेने से मनाकर दिया। कॉलेज ने जिम्मेदारी से पल्ला झाड़ लिया। पुलिस की एक टुकड़ी कॉलेज के गेट पर तैनात थी। ग्रुप डिस्कशन जोर-शोर से हो रहा था। एक साथ इतने लोगों की कम्यूनिकेशन स्किल, कॉन्फिडेंस और लीडरशिप स्किल—सबकुछ बेहतर दिख रहा था। नावेद की बॉडी लैंग्वेज परफेक्ट थी।

बेसदा कोई नहीं है...

'आंटी दरवाजा खोलो—आंटी, दरवाजा खोलो।' सुबह हुई नहीं कि नन्हे मन्नू के हाथों की थपकी सुनाई पड़ने लगी।...'अरे शुभ्रा, दरवाजा खोल दो, मन्नू आया है।'...'गुडमॉर्निंग!' भीतर से आवाज आई।

चार साल के मन्नू की आवाज अपार्टमेंट की इस वीरान दुनिया में अजूबा ही लगती है। माँ उसे चाहे जितना रोकना चाहे, वह नहीं रुकेगा। नन्हे बच्चे को यह समझ बखूबी थी कि इनसान का जवाब खिलौने नहीं हैं। रिमोट वाली कार हो या उछल-उछलकर ताली बजाता बन्दर, ये सब बस थोड़ी देर ही उसका दिल बाँध पाते थे।

अपार्टमेंट के इस फ्लोर पर उसका परिवार कुछ ही महीने पहले आया था। वर्मा जी का परिवार यहाँ पहले से किराये पर रहता था। छोटा बच्चा मोहल्लेदारी की दुनिया से आया था। शुरू-शुरू में उसकी माँ ने कभी कौवा दिखाकर तो कभी गिलहरी दिखाकर उसका जी बहलाया। वैसे बच्चे के चक्कर में उसने खुद आसपास की प्रकृति पर गौर करना शुरू किया। सप्तपर्ण, शिरीष—ये नाम तो उसने खुद भी कभी नहीं सुने थे। नन्हा मन्नू इस बालकनी से हर किसी को बाय-बाय करता रहता। बदले में कभी मुस्कुराहट तो कभी तल्खी—उससे अभी वह बेपरवाह था। प्रकृति और आदमी, शहर में दोनों साथ नहीं रहते

शायद। उसकी सोसाइटी में आसन्न खामोशी थी। यहाँ आती-जाती गाड़ियों का शोर नहीं था—बस, आसमान गुर्राता रहता था। पास में हवाई अड्डा होने के चलते विशालकाय जहाज आसमान में तैरते रहते थे। बच्चे की माँ अपने अकेलेपन को बच्चे को जहाज के नाम बताकर भरती रहती थी। बातों और प्रश्नों का हवाई जहाज की तरह अन्त न था। खैर, इस बीच कब नन्हे मन्नू ने पड़ोस के दरवाजे खुलवा लिये, कह नहीं सकते।

दरवाजा खुलते ही मन्नू शुरू हो जाता, 'अंकल, उठो, हर समय लेटे रहते हो। अरे सुबह-सुबह एक्सरसाइज करते हैं। आंटी, अंकल को उठाओ।' कभी वर्मा जी के कन्धे पर झूलकर तो कभी उनके सोफे पर कूदकर अपनी फरमाइशें शुरू कर देता।

तीन व्यक्तियों का वर्मा जी का परिवार इस एकान्त द्वीप में एकाकी ही था। पन्द्रह वर्ष पहले तक वर्मा जी पानी के जहाज में काम करते थे। वह जमाना अलग था। जहाज पर इतनी सहूलियतें नहीं मिलती थीं, वैसे भी वह वहाँ मजदूर ही थे। पर जहाज पर मजदूरी का अनुभव कभी परिवार नहीं जान पाता, उसे विदेश की चाकलेट और पैसा ही दिखता है। वर्षों परिवार से दूर समुन्दर की लहरों को गिनते, अलग-अलग देशों के बन्दरगाहों के नाम रटते वर्मा जी ने आधी उम्र बिताई थी। उनकी पूरी जिन्दगी घर की जिम्मेदारियाँ निभाने और अपने परिवार से गैरजिम्मेदार होने का तमगा पाने में बीती थी। छुट्टियों में वापस आने पर पत्नी से प्यार कम, झगड़े में ज्यादा वक्त बीतता। अकेलापन और दिमाग में बैठा वहम दोनों ही झगड़े की जड़ थे। शरीर की ताकत कम हुई तो जहाज पर काम भी मिलना बन्द हो गया। उसके बाद उन्होंने कई काम आजमाए लेकिन सफलता हाथ नहीं लगी। पानी पर तो उन्हें जिन्दगी का जहाज खींचना आ गया था लेकिन जमीन पर उसकी गाड़ी खींचने में वह थक गए।

कभी-कभी गुस्सा भुसभुसाकर चिड़चिड़ाहट का रूप ले लेता है। यह चिड़चिड़ाहट इतनी मारक होती है कि वह अपने आसपास सबकुछ झुलसा देती। माथे की शिकन छूत की बीमारी की तरह होती है। यह बीमारी पूरे घर में फैली थी। हाइपर टेंशन की वजह से पाँच साल पहले वर्मा जी की आँखों की

रोशनी चली गई। यह बीमारी यूँ तो यहाँ की हवा में भी थी। चीखने-चिल्लाने की आवाजें, फिर खामोशी।

सामने के फ्लोर से भी सुबह चार बजे से एक तीखी-सी चीख सुनाई देने लगती, 'तुम्हारी समझ में कुछ नहीं आता...बोलो, क्यों नहीं आता...बोलो?' पड़ोस के घर से यह एक पिता की आवाज थी, जो हर समय अपनी बेटी की पढ़ाई को लेकर चिन्तित रहते थे और बेटी भी पढ़ाई से ज्यादा पिता की पिटाई के बोझ तले दबी-सी दिखती थी।

नन्हा मन्नू कभी-कभी उनकी भी नकल करता। वर्मा जी सुनकर हँसने लगते, 'बोलो, क्या खाओगे? चिकन टिक्का, पनीर टिक्का, पोपकोर्न, हाजमोला?' फिर उसे समझाने लगते, 'अंकल का पैसा आएगा तो मन्नू को सब खिलाऊँगा...'

'अंकल, कल पैसा आ जाएगा।' नन्हा मन्नू भी फट बोल पड़ा।

वर्मा जी इस झूठ से भी खुश हो जाते थे।

दरअसल उन्होंने एक इंश्योरेंस पॉलिसी ली थी और उसी के क्लेम का रोज इन्तजार करते थे।

'शुभ्रा, मन्नू कह रहा था कि कल पैसा मिल जाएगा।'

मिसेज वर्मा थोड़ी उम्मीद और साथ ही उम्मीद टूटने की कसक के साथ झिटककर कहने लगी, 'तुम भी अजीब हो। पैसा आ जाएगा, इतना परेशान क्यों हो रहे हो? अभी कल ही कम्पनी से बात की थी। उन्होंने डाक्यूमेंट प्रोसेसिंग में डाल दिया है...'

'तुम कम्पनी वालों की बात पर बड़ा भरोसा करती हो। उनसे पूछो कि और कितना समय लेंगे? पिछले चार महीने से बेवकूफ बना रहे हैं। असली बदमाश है रंजना का आदमी। पॉलिसी करवाते समय कितनी मीठी बातें कर रहा था...!' उसके बाद वही वर्षों की बड़बड़ाहट शुरू हो गई।

रंजना का पति यानी शुभ्रा की बहन का पति। उसी ने वर्मा जी की कोई मेडिक्लेम पॉलिसी की थी। उसके पैसे का पूरा परिवार इन्तजार कर रहा था।

डॉक्टरों को उम्मीद थी कि वर्मा जी की आँखों की रोशनी वापस आ

सकती है लेकिन इनको टेंशन से दूर रखना होगा, लेकिन यह बात ऐसी थी, जैसे किसी गरीब आदमी को कहा जाए, कि धूल, धुआँ और धूप से दूर रहो, बीमारी अपने-आप चली जाएगी।

खत्म होती सेविंग और महँगा होता इलाज बीमारी को और जटिल बना रहा था। एलोपैथी का इलाज सँभालना मुश्किल हो गया। सौभाग्य से उन्हें होमियोपैथी से कुछ राहत मिली या फिर सस्ते इलाज ने सम्भवत: वर्मा जी को राहत दी होगी। खैर, उनकी आँखों में रोशनी की एक फाँक कभी-कभी दिख जाती थी, जो उनके ठीक होने की एक उम्मीद बन जाती।

'अंकल, नार्थ अटलांटिक में कितनी बड़ी मछली है? आपकी आँख में समुद्री डाकुओं ने क्यों मारा? क्या वे आपसे कोई खजाना छीनना चाहते थे...?'

'हाँ, वो खजाना छीनना चाहते थे। मैंने मार-मारकर उनका भर्ता बना दिया और उनको पैसिफिक में फेंक दिया।' वर्मा जी भी नये-नये किस्से गढ़ते रहते हैं।

नन्हे बच्चे की थपकियाँ जीवन-भरी थीं। एक दूसरे पर तंज कसती दुनिया में वे एक दूसरे को हीरो बनाती थीं। वर्मा जी की बेटी भी मन्नू से घुलने-मिलने लगी थी। छुट्टी के दिन वह उसके लिए चिप्स खरीदकर ले आती थी।

मन्नू का परिवार गोवा घूमने जा रहा था। मन्नू ने वर्मा जी से समुन्दर के ढेरों किस्से सुने थे। एक दिन सुबह-सुबह वह जिद पर अड़ गया, 'माँ, अंकल भी गोवा जाएँगे।'

'कौन-से अंकल?'

'अरे सामनेवाले। माँ, मुझे लगता है कि अंकल की आँखें देखना भूल गई हैं समुन्दर देखकर उनको देखना याद आ जाएगा। प्लीज, उनको ले चलो।'

मन्नू की माँ की आँख भर आई। बच्चे के साथ वह वर्मा जी के घर आई, 'देखिए न अंकल, मन्नू क्या कह रहा है कि आप गोवा चलें। वहाँ समुन्दर देखकर आपको देखना याद आ जाएगा।'

नन्हे बच्चे की बात किसी कार्टून फिल्म या कहानी की उपज थी या उसके सरोकार का भाव, कह नहीं सकते। जो भी हो, रोशनी की एक लकीर सचमुच वर्मा जी की आँखों में कौंधी, उस शाम उन्होंने डॉक्टर को यही बताया।

ब्लडी

मेरा केबिन ठीक मि. सुभाष सिरोही के बगल में था। कॉलेज के तीसरे माले पर एक बड़े कमरे में ढेर सारे लकड़ी के खाँचे थे और हर खाँचा किसी-न-किसी को एलाट था। यूँ तो केबिन में किताबों और कम्प्यूटर के सिवा कुछ नहीं था। और अगर कोई खड़ा हो तो सब कुछ देख सकता था, लेकिन था तो अपना। इसी एक केबिन के लिए मैंने कितने धक्के खाए थे! घिस-घिसकर पढ़ाई की। बीए किया। एमबीए किया। पीएचडी की। वह भी तब, जब लोग इस कोर्स को यूँ रद्दी नहीं समझते थे। जो भी हो, अपनी यह प्राइवेट नौकरी मुझे जान से प्यारी थी।

पहली बार मेरे एकाउंट में पचपन हजार रुपए आए थे। मेरे नाम के आगे एसोसिएट प्रोफेसर का टैग लगा था। बस, किसी बाहर वाले को अपना पद बताने में डर लगता है। वैसे भी नजर लगते देर नहीं लगती। प्राइवेट नौकरी में कब अर्श—कब फर्श!

जब मैं ऊपर के फ्लोर पर शिफ्ट हो रही थी, सबने यही बताया था कि थर्ड फ्लोर मस्त है। मस्त के पीछे बड़ी जायज वजह थी। इस फ्लोर पर अभी कैमरे नहीं लगे थे। काली-काली बड़ी घूरती कैमरे की आँखें, मुझे भी इनसे दहशत होती है। अभी तक मुझे फर्स्ट फ्लोर पर किसी के साथ साझे में केबिन मिला था। अब अपना केबिन, ऊपर से कैमरे की आँखें नहीं। मैंने कैलेंडर लगाया।

लक्ष्मी-सरस्वती की एक साथवाली फोटो लगाई। अगरबत्ती सुलगाई। लॉफिंग बुद्धा रखा। फिर भगवान से कहा—हे भगवान, बस बॉस खुश रहे।

हमारे बॉस उर्फ डायरेक्टर उर्फ ब्रिगेडियर अरोड़ा दिल के अच्छे आदमी हैं। 'जी', 'आप' में उनका कोई भरोसा नहीं था। यह सब बनावटी भाषा है, यह उनका कहना था। भगवान को भी तो हम 'तू' ही कहते हैं। जब उन्होंने कहा था कि 'तू यार, मस्त रहा कर,' तो बस, मैंने यूँ ही खुद को दिलासा दिया और लम्बी-सी मुस्कुराहट के साथ कहा, 'यस सर।'

'कबिरा यह घर प्रेम का, खाला का घर नाहिं।' पिछली दो नौकरियों से तो मैंने यही सबक निकाला था। पढ़ाई-लिखाई और डिग्री इन खूबसूरत दुकानों में घुसने तो देती है लेकिन असली परीक्षा तो टिके रहना है और वह एक कला है। कला तो सीखनी पड़ती है। न-न, इसका मतलब काम नहीं करना नहीं है, लेकिन सिर्फ काम करना ही नहीं है। काम तो करना ही होगा। जैसे अपनी क्लास लेना, इम्तहान के हिसाब से नोट्स बनाना, डिजिटाइज्ड करना, स्टूडेंट्स को मेल करना। और फिर इन सबकी कई परतों वाली रिपोर्ट बनाना, वगैरह-वगैरह।

पर प्रेम भी होते-होते होता है। अब सीधे-सीधे आगे-पीछे करना तो बेअदबी-बदतमीजी हो सकती थी। हमारे ब्रिगेडियर साहिब खाने के बड़े शौकीन आदमी हैं। कहाँ का समोसा अच्छा बनता है, किसकी चटनी के साथ क्या रचता है, बालूशाही-छेने की बेहतरीन दुकानों के नाम उनकी जुबान पर रहते हैं। कोई छुट्टी पर जाने लगता तो उससे उसका गाँव-शहर सब पता करते। फिर कहते—फलाँ जगह प्रसिद्ध इमरती या पेड़ा मिलता है।

जीवन की इन छोटी-छोटी उलझनों को लोग अपने-अपने तरीके से हल कर लेते हैं। एक तो प्राइवेट नौकरी, ऊपर से घुसते ही रिसेप्शन पर बायोमेट्रिक मशीन, जो सिर्फ आपकी उँगली पहचानती है। सर्दी हो या गर्मी, बारिश से रास्ता जाम हो, या सीढ़ी पर फिसल गए हों, यह मशीन कुछ नहीं पहचानती। कई बार तो उँगली रखते-रखते सेकेंड की सुई आगे सरक जाती और उँगली उठाते लेट का तमगा मिल ज़ाता है। एक महीने में दो लेट बराबर एक दिन

की सेलरी थी। और महीने में दो दिन बिना सेलरी के काम करना एक दिन का सीएल और छह महीने में दो सीएल कटने का मतलब ईएल में कटौती। और ईएल में कटौती का मतलब सालाना मिलनेवाली बारह छुट्टियों में कटौती। जिन्दगी में शादी-ब्याह, बच्चा-बीमारी और ट्रैफिक जाम तो लगा ही रहता है, लेकिन यहाँ के ज्यादातर लोगों की जिन्दगी में तनख्वाह कटना...।

मैंने उर्फ डॉ. सुधा बाला ने कसम खाई थी कि एक पैसा भी तनख्वाह से कटने नहीं दूँगी। इसका फायदा मुझे हुआ।

हाँ, मैं बता रही थी अपने ब्रिगेडियर साहब के बारे में। बीमार माँ को देखने मथुरा गए कॉलेज के क्लर्क वर्मा जी ने मथुरा के पेड़े कॉलेज के पीछे की दुकान से खरीदकर बड़ी मुश्किल से अपनी जान बचाई थी।

इस पूरे सिस्टम को ब्रिगेडियर साहब की सदाशयता कम तो नहीं कर सकती थी, लेकिन मेहरबानी काम आ जाती थी। कभी एकाध महीने में एकाध सेकेंड का लेट लगने पर ब्रिगेडियर साहब मशीन जंप्ड के एप्लीकेशन पर साइन कर देते थे। क्या जाता है, बदले में जरा-सा कुछ कह देते हैं! पर भरी सभा में 'मेरी तितलियाँ', 'मेरी हीरोइनें'—यही थोड़ा खलता था। पर छोड़ो, थोड़ा-सा हँस लेने, कुछ भी सुन लेने से सेलरी तो टाइम पर मिल जाती है।

'वैसे भी हमारे सर कान्हा हैं।' दिन भर ओरीफ्लेम और टपरवेयर के प्रोडक्ट बेचने में उस्ताद डॉ. वृति ने कहा, 'अहा, कितना प्यारा उपनाम! मैं भी कोई ललिता-वलिता होऊँगी, यही सोचकर मैंने तो दिमाग के दरवाजे बन्द कर दिए थे।'

यह ऊँची तनख्वाह भी अजीब चीज है। जाने का बड़ा डर लगता है, लेकिन पाने के चक्कर में नामालूम क्या-क्या चला जाता है! हमसे ज्यादा शान से तो मेरी कामवाली रहती है। दो दिन मैंने उसको टोका, तीसरे दिन उसने कहा, 'जी, मेरा हिसाब कर दो, आपसे मेरी नहीं निभेगी।' कुछ ऐसा ही मिस शुभ्रा ने नामालूम क्यूँ कहा था?

खैर, मैं बता रही थी थर्ड फ्लोर पर अपने नये केबिन के बारे में और अपने पड़ोसी मि. सुभाष सिरोही के बारे में। कभी-कभी मीटिंग में इनसे मुलाकात हुई

थी, लेकिन मेरा खास ध्यान परसों गया। हुआ यूँ कि राष्ट्रीय स्तर पर सेमिनार की योजना को लेकर मीटिंग हो रही थी। इसमें पिछले चार घंटे से लंच और स्नैक्स पर चर्चा हो रही थी। वेज में क्या हो, नानवेज में क्या हो। सेमिनार में तो आदमी खाने-पीने ही आता है। सबने एक से बढ़कर एक विचार रखे। शाम के साढ़े सात बजे ही थे कि ये जनाब उठे। इन्होंने कहा कि 'सर, पूड़ी के साथ अरहर की दाल सही रहेगी।' पूरी मीटिंग में सब सन्न रह गए। तभी मिसेज सिरोही खड़ी हुईं, 'सॉरी सर, दरअसल आठ बजनेवाला है, घर पहुँचते-पहुँचते नौ बज जाएगा। और हमारा बच्चा क्रेच में है।'

ब्रिगेडियर को काटो तो खून नहीं। यह जुर्रत कभी किसी ने नहीं की थी। खुद मेरा मन भी मेरे बच्चे के पास था। वह भी क्रेच में था, लेकिन मजाल जो मैंने चेहरे पर कोई भाव आने दिया हो! जो भी हो, मेरे दिल की बात किसी ने कह दी और आधे घंटे बाद मीटिंग ओवर हो गई। और मिस्टर सिरोही विद मिसेज सिरोही इस कॉलेज के नायक बन गए।

'हैलो सर, मैडम,' कहकर मैंने उनके केबिन में झाँका था। कम्प्यूटर के ठीक सामने छह-सात महीने के बच्चे की मुस्कुराती तसवीर चिपकी थी। केबिन में एक तरफ बिस्कुट का डिब्बा भी रखा था और दूसरी तरफ ढेर सारी किताबें। मैंने एक नजर में तलाशी ली कि कौन-कौन-सा पब्लिशर ये किताबें दे गया होगा। थर्ड फ्लोर सचमुच में मस्त था। आठ घंटे की नौकरी में 30-35 मिनट तो बेहद मजेदार।

मिस्टर और मिसेज सिरोही का केबिन अलग-अलग था लेकिन लंच दोनों साथ करते थे। साथ में एक-दो और आकर बैठ जाते। हँसी-मजाक के बीच जायकेदार पंजाबी लंच की खुशबू मुझे खूब जलाती थी। वैसे भी दोनों पति-पत्नी बहुत खुश रहते थे। क्लास में उनका फीडबैक भी ठीक आता था। कभी-कभी हुई महफिल में वे गाना भी मिलकर ही गाते थे। मेरा दिल तो उनको देखकर ऐसे जलता था कि क्या बताऊँ।

इसी बीच एक और घटना हुई। हमारे कम्प्यूटर पर ढेरों पोर्न फिल्मों के लिंक खुलने लगे। देखिए, प्राइवेट यानी अपने-अपने सिस्टम पर कौन क्या

करता है, इससे मुझे कोई मतलब नहीं। चाहे शेयर के भाव में कोई डूबे-उतराए; या फिर चार पीडीएफ खोलकर, कॉपी-पेस्ट मारकर अपने नाम आर्टिकल चेंपे; या चोरी-चोरी फेसबुक पर किसी को पोके या चोके, लेकिन यह तो हद हो गई थी। हमारे फ्लोर पर बीस लोगों में कुल तीन ही मर्द थे—सुभाष, सदय सर व गुरुविंदर जी। अल्पमत में रहनेवाले पुरुषों के कान खड़े हो गए। सब एक दूसरे को शक की नजर से देखने लगे।

अगले दिन सिरोही ने सरवर पर जाकर कई टैब दबाए। कब कितने बजे, किसके कम्प्यूटर पर क्या सर्च हुआ, लिस्ट आ गई। इस लिस्ट के साथ अनगिनत ऐसी चीजें सामने आईं, कि क्या कहें। सिरोही जी की काबिलियत के स्टूडेंट्स तो कायल थे ही, हम भी हो गए।

लेकिन उस दिन से सबकुछ उलट गया। अब तक मिसेज सिरोही को दो मेमो मिल चुके थे। अरे, मेमो का मतलब यहाँ वार्निंग है। पहला, 'आप इतनी छुट्टियाँ लेती हैं, क्यूँ न आपको...' हम भी जानते थे कि मिसेज सिरोही ने इस बीच छुट्टियाँ ली हैं। आदत भी तो उनकी खराब है। भाई, छोटा बच्चा है तो नौकरी मत करिए, लेकिन पिछले तीन महीने में उनकी पाँच छुट्टियाँ हो चुकी थीं, जिनमें दो लेट शामिल हैं। दूसरा मेमो उनको चार दिवसीय टूर पर जाने के लिए मना करने पर मिला, 'हस्बेंड एंड चाइल्ड नॉट एलाउड।' बस, ऐसे ही वक्त में तो मेरी खूबसूरत हँसी काम आती है। भगवान ने, न-न, मेरी ओरीफ्लेम की हँसी ने मुझे बचा लिया।

कल एक मीटिंग बुलाई गई। हमारी बिल्डिंग के तकरीबन सौ लोग इकट्ठा हुए। 'टीचिंग इज माइनर एक्टिविटी।' ब्रिगेडियर साहब दहाड़े, 'डिसिप्लिन इज मेजर। नो इटिंग टुगेदर।' यकीन मानिए, ये बातें तो मैं पहले से जानती थी और नामालूम कब से यह मन्त्र मन-ही-मन दोहराती रही हूँ। इतने साल के प्राइवेट शिक्षण संस्थानों के अनुभव ने मेरी भरपूर ट्रेनिंग की थी। तीर जहाँ के लिए था, वहीं लगा। और उसका दर्द चेहरे पर भी छा गया। शिकारी को मजा आ गया।

क्लास का ओवरलोड, अतिरिक्त काम, बेजा दौड़ाना, बात-बात में अपमानित करना—आखिर एसी, फ्रिज, गाड़ी की कीमत कुछ तो होगी ही।

और अब कोई इतना ही काबिल है तो जाकर पढ़ाए आईआईएम में।

सन् दो हजार में श्री सुखराय ने शराब के ठेके की कमाई को शिक्षा के इस मन्दिर में लगाया था। ठेका जितना गन्दा था, यह मन्दिर उतना ही स्वच्छ। चौबीसों घंटे झाड़ू-पोंछे करनेवाले कर्मचारी घूमते रहते थे। तराशा हुआ आलीशान लॉन, और उस पर विशालकाय बगुलों के झुंड पर से झरता हुआ पानी। स्टूडेंट्स हो या टीचर, सबकुछ ऐसे लगता था कि जैसे सब करीने से सजाए गए हों! मैं खुद भी इस सजावट में अपना मान समझती थी।

लेकिन इस बीच एक ऐसी घटना घटी कि सबके होश उड़ गए। मिस्टर सिरोही ने मीटिंग कॉल की थी। कुछ तो उत्सुकतावश, कुछ मासूमियत में, और कई जासूसी करने के लिए इकट्ठा हो गए।

मिस्टर सिरोही ने शुरू किया, 'मुझे और निशा सिरोही को नौकरी से निकाल दिया गया है। हमें तुरन्त निकल जाने के लिए कहा गया है। अगर अभी कैम्पस नहीं छोड़ा तो हमारा एक्सपीरिएंस लेटर और सेलरी रोक ली जाएगी। आप लोग जानते हैं, हमारा छोटा बच्चा है। किराये के घर में रहते हैं। दोनों की नौकरी एक साथ जाने से क्या होगा, आप समझ सकते हैं। क्या आप लोग यह अन्याय चुपचाप देखेंगे? आप लोग, प्लीज, इस अन्याय के खिलाफ कुछ बोलें।'

'मार्केट नीचे जा रहा है।' श्री सदय उर्फ मिस्टर निफ्टी ने अपने फोन में झाँका। मिसेज नीलांजना सुकुमार 'एक्सक्यूज मी, मेरा फोन आ रहा है' कहकर बाहर सरक लीं। इधर सिरोही जी ने सबसे पूछा, 'आप सिर्फ यह बताइए, जो यहाँ हो रहा है, सही है या गलत?'

पूरे समूह के सामने यह एक ऐसा प्रश्न था, जिसमें सही का उत्तर शत-प्रतिशत निगेटिव मार्किंग का था, फिर हिम्मत करके मिसेज दास ने कहा, 'वैसे तो सर, यह गलत है। आप डायरेक्टर साहब से एक बार रिक्वेस्ट करके देखिए।'

वाह, मिसेज दास ने कुछ बोलकर मेरी आत्मा का भार उतार दिया। मैंने भी एक हुंकारी भर दी। तभी चपरासी ने आकर कहा कि बड़े सर ने सबको

अपने प्लेस पर जाने के लिए कहा है।

सब तुरन्त उठ खड़े हुए और वापस अपने केबिन में भागे।

मिसेज सिरोही पहली बार मुझे बेचारी लग रही थीं। शायद वह रो रही थीं, लेकिन सचमुच में मैं रुकी नहीं। इसी बीच नीचे ऑफिस से कॉल आई। डायरेक्टर का बुलावा था।

डायरेक्टर रूम में ब्रिगेडियर साहब उतने ही जॉली मूड में थे, 'मैडम, आप भी मीटिंग में थीं?'

मैं सन्न थी। कहीं यह मेरा मन तो नहीं पढ़ रहा है?

'सॉरी सर, वो तो सर, कन्फ्यूजन में...मुझे लगा कि आप ने मीटिंग बुलाई है। मेरी तरह कुल सात सीनियर महिलाएँ बुलाई गई थीं।'

'आपने उसको तुरन्त गेट आउट क्यों नहीं कहा? हाँ, क्यों नहीं कहा? क्यों सुनने लगीं?'

तभी मिस्टर और मिसेज सिरोही अन्दर आए। उनके हाथ में रिवाज के मुताबिक एक्सपल्शन कम रेजिगनेशन लेटर था। मिसेज सिरोही ने अपनी भरी हुई लाल आँखों से हमें देखा। बस, मन हुआ—भगवान, धरती फट जाए और मैं समा जाऊँ।

'सर, मैं अपनी वाइफ के साथ बैठकर लंच ही तो करता था।' थोड़ी तेज आवाज में मिस्टर सिरोही ने सीधे डायरेक्टर से कहा।

'शट अप! आउट, यू ब्लडी कम्यूनिस्ट...।'

'हू?' सिरोही की आवाज तेज हो गई ।

बात आगे न बढ़े, यह सोचकर हमने मि. और मिसेज सिरोही को ऑफिस से बाहर किया। कुछ दुनियादारी की बातें बताईं और कहा, 'सर, अपने बच्चे के बारे में सोचिए।'

आज उनको गए तीन महीने हो गए हैं। इस बीच मैंने दोनों का इतिहास खंगालने का काम जारी रखा। पंजाब यूनिवर्सिटी से एमसीए, दोनों ने पढ़ाई एक साथ की। उन दोनों की लव मैरिज थी। इंटरकास्ट मैरिज। घरवालों ने शायद घर से निकाल दिया था। रोजी-रोटी, सम्मान की तलाश में वे दिल्ली आए थे।

और उनके इस आशियाने में उनका एक बेटा भी था।

इधर-उधर से कुछ फोटो भी देखी—कुछ पहाड़ों पर घूमने की, कहीं बैठकर आइसक्रीम खाने की, किचन में मैडम के साथ खाना बनाने की, बच्चे के खरगोश जैसे दाँत उगने पर केक खाने की। अरे, मैं कुछ और खोज रही थी, ब्लडी कम्यूनिस्ट। पता नहीं, मिस्टर सिरोही को इसका मतलब पता था कि नहीं!

उस दिन जो जुगनू चमका था, उसने मेरे अँधेरे उजागर कर दिये। डॉ. वृति की ओरीफ्लेम के लिपस्टिक के शेड वाली किताब केबिन में पड़ी थी। पता नहीं, क्या हुआ है, तब से कोई शेड अब होंठों पर नहीं रचता।

भोज

भात का पहाड़ उठा हुआ है और बीच में बड़ा-सा गड्ढा और दाल का दलदल। उँगलियाँ भात खुरचती जा रही हैं, तभी पहाड़ की तली में छेद हो गया और दाल पत्तल से बाहर निकलने लगी। जिलाजीत बाबू चिल्लाए, 'अरे कोई पतरी ले आओ रे!'

बाहर जमघट लगा हुआ था। हर तरफ व्यस्तता का आलम। खटिया-मचिया, तख्ता के नीचे गिलास गुम हो चुके थे। रानो एक-एक करके बटोर रही थी। साँझ तक कहीं जाकर खाने का कार्यक्रम रुका।

यह बेकार का खाना था यानी मृत्यु के दूसरे दिन का भोज। मिसिर पट्टी के उस घर में गाँव भर के लिए मटर-अरहर की दाल और भात बना था। नियमतः इसे खानेवाले के लिए बाहर यात्रा करना निषिद्ध है लेकिन मुँह खोलकर बताए कौन कि वह खाएगा या नहीं। पूरी पट्टीदारी के लिए खाना बना। चावल के बड़े-बड़े हंडे चढ़े, खदर-बदर भात खदका। इतना बड़ा हंडा कि रस्सी से बाँधकर उतारना पड़ रहा था। औरतें खाना बना रही थीं, आदमी हंडा उतारने का काम कर रहे थे।

भात-दाल को श्रद्धा के आँसुओं से कोई वास्ता न था, न ही इससे कि उसकी माँ का पेट बिलकुल खाली था।

अगले दिन बँसवारी खट्टी-सी महक से भभक रही थी। कुत्ते एक दूसरे

पर टूट पड़ रहे थे। वे खाने से ज्यादा एक दूसरे को खा जाने पर आमादा थे। 'दुर रे...' बीच-बीच में कोई चीखता। परदेसी बाबू लाठी फेंकते हैं। 'पें... पें...' की आवाज गली से टकराकर दुहरा जाती है। 'अरे ई ब्रिटनियाँ अहई...' इस गाँव में हर कुत्ते-कुतिया का नाम है। कई साल पहले ब्रिटनी को चर्म रोग हुआ था। उसके शरीर के सारे बाल झड़ गए और शरीर पर लाल-लाल लकीरें दिखने लगीं। शुरू-शुरू में उसके बच्चे काले, भूरे, चितकबरे दिखते और गाँव भर में घूमते रहते लेकिन कुछ महीनों के भीतर उन्हें भी यह बीमारी घेर लेती। छोटे-छोटे पिल्ले सिर्फ स्नायुतन्त्र का सजीव चित्र बन गए थे।

'बच्चे हों तो ऐसे हों।' संकठा प्रसाद मिश्र का लड़का अपने पिता की तेरहवीं में जापान से जहाज पर आया था। पूरा गाँव देखता रह गया। 'बच्चे पढ़-लिखकर इस तरह से नाम करें तो माँ-बाप का सीना गर्व से तन जाता है।'

'हाँ, गर्व से तन जाता है! जब दुआरे खटिया पर पड़े-पड़े चिल्लाते थे तब गाँववाले दंग नहीं रह गए। मरने के बाद आदमी अपनी तेरही-बरखी नहीं देखता। इतने ही बड़े आदमी थे तो भेजते पैसा। ले जाते जापान बाप का इलाज कराने...बी.एच.यू. तक तो कोई ले नहीं गया। आपको किसने कितना खर्चा किया, यही दिखता है...'

सुदर्शन मिश्र के तीन बच्चों में सबसे बड़ी श्रद्धा थी। बड़े बच्चे से माता-पिता का विशिष्ट मोह होता है। कच्ची उम्र, कच्ची गृहस्थी और कच्चे रिश्ते को पकाने का काम शायद यही बच्चा करता है। माता-पिता के प्रेम, सुख-दुख, मान-अपमान, उनके उलझे-सुलझे रिश्ते की गवाह थी श्रद्धा।

और यह पिता-पुत्री का आखिरी संवाद था।

एयरपोर्ट के बाहर जीप के ऊपर लेटे थे पिता। बेटी के आने का इन्तजार कर रहे थे। बाप-बेटी घाट तक साथ गए। लड़की के लिए यह अनगिनत बार

जीने-मरने के बराबर की यात्रा थी। कभी वह सोचती कि पिता का सीना गर्व से चौड़ा हो गया होगा। कभी सोचती कि उन्हें उठाकर बिठा दे और कहे—देखो, मरने के बाद आदमी कुछ नहीं सोचता।

कहते हैं, स्त्री के जीवन में दो बार वैराग्य का क्षण आता है: पहला, जब वह बच्चे को जन्म देती है और दूसरा, जब वह श्मशान घाट पर जाती है। वह श्मशान घाट पर थी। पिता के सीने पर सिर रखकर रोना चाहती थी लेकिन भीतर की कोई शक्ति उसे रोक ले रही थी। उसका ध्यान अपने छोटे भाई की ओर था। वह हर काम ऐसे कर रही थी, जैसे उसे कोई ऐसी जिम्मेदारी मिली है जहाँ उसका एक आँसू उसे नाकाबिल बना देगा।

'श्रद्धा, पापा को देखना है।'

'हूँ...'

पिता के चेहरे से कपड़ा हटाया गया। तेल की हल्की-सी गंध, आँखें मुँदी हुईं, होंठ बन्द लेकिन हल्के-से खुले हुए, जैसे गहरी नींद में उसके खुल जाते हैं। 'पापा, पापा' कहकर वह पिता के गले लगना चाहती थी। किसी अबोध बच्चे की तरह पिता का शरीर उसे हल्का-सा गरम लग रहा था। वह उन्हें उठाना चाहती थी, लेकिन पहले भी कभी वह गले नहीं लग पाई थी। बरसों पहले सड़क पार करते समय पिता का हाथ पकड़ा था। पीली नदी कब के गीली-सूखी होकर बिला गई, लेकिन वह छुवन उसके भीतर जस की तस थी।

'ढँक दीजिए,' बस, उसने इतना कहा।

सूरज चढ़ चुका था। आसमान में भी मानो कोई चिता जल रही थी। चारों तरफ आग। चट-चट की आवाज थम ही नहीं रही थी। घाट पर ताँता लगा हुआ था। इतनी आग में भी आग कम पड़ रही थी।

'लकड़ी के दाम में आग लगी हुई है...मरतउ चैन नाय।' कोई कह रहा था।

'इहाँ एतनी गरमी है कि जीयत आदमी पिघल जाय। ई तो बाबा का परताप है...' कोई कह रहा था।

'हूँ...' श्रद्धा सब कुछ यूँ देख रही थी, जैसे वह कोई चित्र देख रही हो और उस चित्र से उसका कोई धुँधला-सा सम्बन्ध हो!

बाहर श्मशान का देवता राख लपेटे हर लपट पर नृत्य कर था—शोक में डूबा, क्षुब्ध कुलीन परम्पराओं में भसम हुई अपनी प्रेयसी लेकर। अनवरत। आग और धुएँ में सब कुछ लिपटा हुआ।

गाँव के लोग अलग-अलग जगह छाँव तलाश कर बैठ गए थे। मृतक को स्नान कराना था। सामने गंगा थी। सुप्त, मरणासन्न। अपने होने के अर्थ को ढूँढ़ती गुम-सी। नदी के किनारे की जमीन दलदली थी। श्रद्धा के पिता का भारी शरीर उठाने में कुछ के पाँव काँपे।

'पापा! उसके मुँह से अकस्मात् हल्की-सी चीख निकल गई। उसे लगा, पिता पानी में गिर जाएँगे। उसने अपना मुँह कसकर दबा लिया, 'अब इनके गिरने न गिरने से कोई फर्क नहीं पड़ता।'

बगल की चिता से एक स्त्री जाग गई और उसके करीब आ गई, 'खैर, छोड़ो, तुम यहाँ क्या कर रही हो?' उसके पाँव से आलता रिस-रिसकर जमीन पर फैल रहा था। स्त्री ने खूब शृंगार किया था, लेकिन मिट्टी के खपड़े की तरह चिपटे गाल पर हल्की लाली अजीब लग रही थी।

'इतना सज-धजकर तुम यहाँ इतने छोटे बच्चे को लेकर आई हो?' श्रद्धा ने पलटकर पूछा।

औरत सन्न रह गई। उसका छह साल का बेटा किसी की गोद में सिर रखकर रो रहा था, 'मेरे बेटे को यहाँ से भेज दो, डर जाएगा।' शृंगार की हुई औरत उससे विनती करने लगी।

'श्मशान में आकर रोना नहीं चाहिए।' पीछे से तभी किसी ने कहा।

औरत जल्दी से भागकर चिता पर लेट गई और पिघलने लगी।

श्रद्धा भागकर उस औरत के बच्चे के पास जाना चाहती थी, लेकिन वह नहीं गई। कर्मकांड जारी है: 'खाया-पिया शरीर है, वक्त लगेगा। वैसे आप कहें तो पाँच चैला (मोटी लकड़ी) अउर रखवा देते हैं।'

डोम को मरघट पर उबियाए लोगों का रंग पता था। वह दिलासा देते हुए श्रद्धा के पास आया, 'बिटिया, हम तुम्हार लोगन के माई-बाप क सेवा करते हैं...हमका ईनाम...'

'हाँ-हाँ', बेटा, इनको ढंग से विदा करो। लगे कि कोई आया था।' यह श्रद्धा के एक सहृदय रिश्तेदार की आवाज थी, जिसने उसके भीतर की आग में फूँक मार दी।

अगला कर्म गंगास्नान का था। पुरुष घाट के दूसरी ओर नहाने चले गए। वह अकेली बची। वह और गंगा। दोनों स्त्रियाँ रो रही थीं। बहुत दिनों बाद इस घाट पर कोई स्त्री खारा जल चढ़ाने आई थी। वह रह-रहकर गंगा के गले लगना चाहती थी। इसी बीच आलता लगे पाँव वाली औरत भी आकर बैठकर रोने लग गई। उन्हें यूँ लगा कि आसमान से जलती औरत के कान की बाली आ गिरी है, लेकिन यह किसी की आवाज थी, 'श्मशान पर बैठकर रोते नहीं। मृतक को कष्ट होता है।'

श्रद्धा थोड़ा सिहर गई क्योंकि उसे कष्ट हो रहा था। वह खुद को परखने लगी कि वह जीवित है या नहीं।

'गाड़ी रोको। यहीं लगा दो।' बनारस की तंग सड़क पर रेंगती गाड़ी को किसी ने रुकवाया। सामने होटल था—होटल विशाल।

'भइया, पूड़ी-सब्जी, मिठाई चालीस दोना'।

पूछने पर कोई बुदबुदाया, 'ई होत ह'।

रिवाज के मुताबिक मुर्दा जलाने के बाद सब लोगों को भोजन कराना पड़ता है।

प्रचंड गर्मी थी। श्रद्धा का छोटा भाई रह-रहकर आँखें मूँद ले रहा था। श्रद्धा ने हिम्मत जुटाकर लस्सी मँगवाई। तब तक कोई कान के करीब आकर फुसफसाया, 'बेटा, गर्मी बहुत है, सबके लिए लस्सी बोल दो।'

बीस रुपए गिलास लस्सी। छोटे भाई ने हामी के लिए जैसे मुँह खोला, श्रद्धा ने आँखें तरेरी, 'पार्टी नाय होत ब ईहाँ...'

रास्ते में दोहरा के तलबदारों ने गाड़ी रुकवाई। श्रद्धा का दिमाग ठप्प था। कभी सोचती कि घाट का टेम्प्रेचर कितना था, कभी लगता कि औरत के पाँव

में बिवाइयाँ फटी थीं, इसलिए आलता चू रहा था...। उफ, पापा क्यों नहीं याद आ रहे?

हमेशा की तरह गाँव में अँधेरा पसरा था। रात की लाइट थी। खैर, दिन की हो या रात की, खाना बनाना और खाना तो अँधेरे में ही बदा था इस गाँव में।

रात वह माँ के साथ सोई। सोते समय कुल खर्च जोड़ा। सम्भावित खर्चे की एक लिस्ट बनाई।

अगली सुबह उसको अचानक अपनी माँ की करुण आवाज सुनाई दी। वह भागकर सरकारी नल पर गई। कुएँ तो कब के मर-खप गए थे। स्त्रियों के सामूहिक स्नान की रस्म हो रही थी।

'रोवई द बिटिया। जब भाग जर ग, तबऊ मनई न रोवई...' जगदम्बा की माँ कह रही थी।

एक तरफ माँ रो रही थी, दूसरी तरफ सुहागिन स्त्रियाँ पाँव में रंग लगा रही थीं। अहिवातिन स्त्रियाँ शृंगार कर रही थीं। दूसरी एक स्त्री से उसका शृंगार छीनकर उसको रोने के लिए छोड़ दिया गया था।

आह, क्रूरता का नंगा नाच।

एक कमजोर-सी बहू नल चलाकर सबको नहाने के लिए पानी दे रही थी। शायद उसे चक्कर आ गया, वह एक तरफ बैठ गई।

'केऊ अमर के घड़िया पी के नाय आइ बा?' श्रद्धा से नहीं रहा गया।

पूरा घर खचाखच भरा था। कहीं शरबत बन रहा है तो कहीं चाय। चहकारी करनेवाले यूँ तो कहीं कुछ खाते-पीते नहीं हैं लेकिन 'दूसरे के दुवारे खाब-पियब में दोष नाय बा।' घर के पिछले दरवाजे से चाची के यहाँ सामान जा रहा था।

श्रद्धा सिर्फ हिसाब-किताब कर रही थी।

'कम-से-कम हजार रुपए कार्ड-छपाई के लागे, आउब-जाब अलगे से जउन लागइ। कम से काम चार गाँव के मनई अइहैं...'

'कुल केतना लागे भइया?'

'आप लोग हिसाब-किताब बहुत करते हैं। जो लगेगा, बता देंगे, लेकिन आप तो लिखित चाहती हैं...।'

श्रद्धा अपने चचेरे भाई का गुस्सा नहीं समझ सकती थी, ऐसा नहीं था।

'हम बतियावत अही,' कहके माँ बीच में आ गई।

गर्मी के दिन थे। चावल से ससके हंडे सुबह तक पानी छोड़ देते। आसपास की बँसवारी बासी भात से भभक रही थी। रात के अँधेरे की एकरसता किसी-किसी के मोबाइल की घंटी तोड़ रही थी। बाहर एक लाइन से चारपाई लगी थी। चर्चा का विषय थी, हालिया हुई तेरहवीं।

'अलगू दूबे के यहाँ जितने लोग आए थे, सबको एक-एक तौलिया और इक्यावन ब्राह्मणों को इक्यावन-इक्यावन रुपया दिया। पोस्टमास्टर चच्चा हमहू के लई ग रहेन...'

'अरे अहिराने में यादव ट्रवेल्स के ईहाँ तेरही रही, सबको एक-एक थाली दिया। पोस्टमास्टर बीस थाली ले आए थे। अपना बता दिए कि हम बाँट देंगे। अब भाई, उनकी जजमानी है...' कोई थोड़ी जुबान दबाकर कह रहा था।

'ससुर हमारे घर के लड़के लजाते हैं, कहीं आने-जाने में...' एक बुजुर्ग भुनभुनाने लगे।

फिर शुरू हुई पूड़ी-चर्चा। इक्यावन पूड़ी। लोटा में पूड़ी। पूड़ी पर लगी शर्तें...।

दारिद्र्य और भोज की अनगिनत कथाएँ घी में लिपटने लगीं। मच्छर भगाने के लिए जल रहा क्वायल का धुआँ ऊपर तक और कसैला बन गया। श्रद्धा का गला रुँध गया।

झूठइ लेना झूठइ देना, झूठइ भोजन झूठ चबेना।
बोलहि मधुर बचन जिमि मोरा, खाइ महा अहि हृदय कठोरा।

...पड़ोसी गाँव में अखंड रामायण का पाठ हो रहा था। थकी, उनींदी आवाज से कोई चौपाई कह रहा था।

श्रद्धा की नींद टूटी।

'नवा ब्लेड खोल रे। का हो, एड्स करउबा?'

बाल कटवाने और दाढ़ी बनवाने का सुअवसर था। बाल कौन उतरवाता है। कुल बिल हुआ अट्ठारह सौ रुपया।

'तबउ छोटई क मुँह फुलान ब...'

इधर महाबाभन आ गए। पंडित ने पहले ही लिस्ट थमा दी—ओम स्वाहा। पिता की स्मृति कहीं न थी। 'बाभन रिसियाय न चाही,' कल से कितनी बार सुन चुकी थी।

भागकर श्रद्धा घर के पीछे आ गई। नल पर बरतनों का ढेर लगा था। बरतन माँजने की मोड़ी से थोड़ी दूर पोस्ट-मस्टराइन पेशाब करने बैठी थी। बरतन माँजने का काम छोटई बऊ का था। वह बीच-बीच में भुनभुना रही थी, 'बड़का पंडित बनत थेन, मेहरारून मूत-मूत के ईहाँ गंधवाइ दिए अहिन।'

'अए त का मनई धाइ-धाइ लैट्रिन में जाए? चुल्हा-चौका में काम लागत बा। मलहा मन्त्रहा सब ईहाँ अहेन। तू ढेर बिदेसी लाग अहू।'

श्रद्धा के भीतर तक तेजाबी गंध घुस रही ही थी। वह भागकर छत पर चली गई।

दस दिन बाद ही तेरहवीं पड़ी। कड़ाह पूड़ी उगल रहे थे। पंक्तियाँ उठ-बैठ रही थीं। पंचायत का चुनाव होनेवाला था। विजै भइया ने विशिष्ट लोगों के लिए छत पर भोजन का प्रबन्ध किया था। इसी बीच पिता की कोई बड़ी-सी तसवीर बनाकर ले आया। तसवीर पर जन्म और मृत्यु की तारीख लिखी हुई थी।

'चाची परताप फोन केहे रहेन, फोटो के लिए ढेढ़ हजार क अहई।'

श्रद्धा के पास पर्स में आखिरी हजार का नोट था। उनको पकड़ाया।

वह तुनक गए, इहू में मोलभाव होए...?'

'बाद में लई लिहा भइया...' माँ ने तुरन्त कहा।

पिता की बीमारी में अच्छा-खासा खर्च हो चुका था। घर रखा साल भर का अनाज लगभग खत्म हो गया था। सहुआइन की दुकान पर तीस हजार का कर्जा अलग था। श्रद्धा को वापस जाकर नौकरी पकड़नी थी। जहाज का किराया उधार था। जरूरी इन्तजाम करके उसने वापसी की ट्रेन पकड़ी।

धीरे-धीरे सरकती ट्रेन रफ्तार पकड़ती है। महुए के बाग के ऊपर गिद्धों का झुंड मँडरा रहा था। नीचे कोई मृत पशु था। श्रद्धा अपने पिता के ऊपर सिर रखकर रो रही थी। सुहागिन औरत का आलता फटी बिवाइयों से चू रहा था। गंगा वैसे ही बह रही थी। गिद्ध-भोज समाप्त हो गया था।

उस दिन की बात है...

चाय पर असली चर्चा तो इसी घर में होती है। अखबार का पहला पन्ना तो शायद ही पढ़ा जाता हो लेकिन तीसरे पन्ने का हर पात्र उस घर का पात्र बन जाता है। चाय का तीसरा घूँट अभी अन्दर नहीं गया था और मंजुला यानी श्रीमती समझदार के मुँह से 'च-च्च' की ध्वनि निकलने लगी।

'अरे, ये भी कोई बात हुई! कोई बचाने नहीं आया। कैसे-कैसे लोग हैं!'

'क्या हो गया? कौन बचाने नहीं आया?' उत्सुकता दिखाना मजबूरी है श्री ज्ञानेद्रपति जी की।

'अरे शंकरगढ़ में लड़की को सरेआम गुंडा चाकू मार रहा था और लोग चुपचाप देख रहे थे।'

'हाँ, आजकल कोई किसी के मामले में नहीं बोलता। वैसे भी कोई चाकू मार रहा है तो आदमी डरता है। पता चला, झगड़ा छुड़ाने गए और उलटा फँस गए।' बस, यही बोलकर ज्ञानेन्द्र जी फँस गए।

'हाँ, आदमी डरता है। तुम्हारे जैसा आदमी डरता है। जब हम लोग बाजार गए थे, वहाँ पर कुछ लड़के लड़ाई कर रहे थे, तब भी तुमने कुछ नहीं किया। तुम्हारे जैसे लोग ही डरते हैं।'

'यार, कब की बात कर रही हो?'

'क्यों, अब याद भी नहीं? मुश्किल से पन्द्रह दिन पहले की बात है। मैंने

बोला भी कि जाकर छुड़ाओ।'

'अरे यार, इतने दिन की बात लेकर बैठी हो! वैसे तुम भी मत पड़ा करो इन चक्करों में। आजकल कोई भरोसा नहीं। पता चला, आप छुड़ाने चले हैं और लेने के देने पड़ जाए।'

बस, यही हिदायत कलह में बदल गई।

दरअसल कुछ दिन पहले बाजार में बाइक छू जाने पर दो लड़कों में लड़ाई हो गई थी। दूसरेवाले ने अपने दोस्त बुला लिये थे। लोग-बाग छुड़ा रहे थे लेकिन लड़ाई इतनी जमी नहीं थी कि दस दुकान छोड़कर वहाँ जाना पड़े। उस लड़ाई को देखकर लौट रहे लोगों ने ही मुँह बनाकर किस्सा बता दिया था, लेकिन मंजुला बोले जा रही थीं :

'खुद भी डरपोक बने रहो और दूसरों को भी वैसे बना दो। तुम्हारे जैसे ही लोग थे जो उस दिन वहाँ खड़े रहे और चुपचाप देखते रहे।'

मंजुला जी थोड़ी वीरबाला मिजाज की थीं। जान नहीं थी लेकिन लड़ाई-झगड़ा छुड़ाने में हमेशा आगे रहती थीं और उनकी दिली ख्वाहिश थी कि उनके पति इसके चैम्पियन बन जाएँ, लेकिन ज्ञानेन्द्र जी को अपनी हड्डी-पसली पर भी तरस आता था। वैसे भी मंजुला जी के झगड़ों का भी निपटारा उन्हें करना पड़ता था, लेकिन मजाल है कि मंजुला जी हथियार डाल दें!

मंजुला जी के पास पूरी लिस्ट थी—कब-कब, किस-किस मौके पर ज्ञानेन्द्र जी डर के मारे चुप रहे। बहस शुरू हुई नहीं कि कितने गड़े मुर्दे उखड़ जाते। वक्त के साथ हर मुर्दा डरावना हो जाता था और फिर तो श्रीमान महान और श्रीमती समझदार की दुनिया खबर से बहस पर और बहस से तू-तू, मैं-मैं पर उतर आती। श्रीमान महान हारकर दुनियावी सुकून के लिए हर बात पर हामी भर देते। नतीजा यह होता कि दुनिया के हर पुरुष द्वारा किए गए अपराध के बदले उन्हें थोड़ी-बहुत सजा मिल ही जाती। वे भी दिल के हाथों में मजबूर थे। आखिरकार पुरुष होने की कुछ न कुछ तो सजा बनती ही थी। मंजुला जी उनके उतरे बीपी को पहले चढ़ा देती थीं और फिर बढ़े बीपी को उतार देती थीं।

मजे की बात यह भी कि बहुत ही गर्ममिजाज मंजुला जी का ब्लडप्रेशर

लो रहता था और बहुत ही शान्तमिजाज श्रीमान समझदार का ब्लडप्रेशर हाई। जिन्दगी की डोज वे एक दूसरे को ऐसे ही देते थे।

पिछले अट्ठारह बरसों से चाहे अच्छा लगे या बुरा, लेकिन अखबार का वह पन्ना एक दिन भी उनसे नहीं छूटता था। दुनिया की सभी खबरें उनके लिए उतनी महत्त्वपूर्ण नहीं थीं जितनी उनके आस-पास घटी कोई घटना। श्रीमान महान कितनी भी कोशिश कर लें कि बातचीत को माइक्रो लेवल से मैक्रो लेवल तक ले आएँ लेकिन यहाँ दुनिया विस्तृत से सूक्ष्म तक आती थी और सूक्ष्म तक आते-आते उन तक आ जाती थी। फिर क्या, वह सुपर बग मिल जाता जिसका इलाज करने से जहान की बीमारियाँ और तकलीफें दूर हो सकती थीं। जैसेकि अगर वह चाह लें तो जगत-समस्या का समाधान हो जाए।

ज्ञानेन्द्र जी अकेले में कभी-कभी सोचते थे कि भला हो कि मैडम कोई महान वैज्ञानिक नहीं हुईं, नहीं तो लाल रंग का कच्छा पहनाकर महाशय को हवा में फेंक देतीं और बड़े ही शहीदाना अन्दाज में कहतीं–जाओ, दुनिया की मुसीबतें हल करो, लेकिन इसमें भी वह रिमोट कंट्रोल अपने हाथ में रखती थीं। ठीक वैसे ही, जैसे हालीवुड की फिल्म का वैज्ञानिक रखता है।

'कितनी कम उम्र में वह लड़का चला गया! बमुश्किल सत्रह-अठारह साल का रहा होगा। पता नहीं, उसके परिवार पर क्या बीत रही होगी! आदमी इतनी मुश्किल से बच्चा पालता है।' अखबार में एक नौजवान लड़के की एक्सीडेंट में मौत की खबर छपी थी।

'हाँ, आजकल लड़के तेज बाइक चलाते हैं।'

'माँ-बाप भी तो दिला देते हैं।' मंजुला जी ने थोड़ा उदास होकर कहा।

'माँ-बाप भी क्या करें, कभी-कभी बच्चे इतनी जिद करने लग जाते हैं कि उनको दिलाना ही पड़ता है। हाईस्कूल के बाद तो मैं भी स्कूटर चलाता था।' बस, ज्ञानेन्द्र जी की इसी बात में पेंच था।

'तुम्हारे जैसे लोग ही ऐसा करते हैं। जैसे तुम चलाते थे, वैसे ही बच्चों के लिए भी सोचते हो। तुम्हारे जैसे लोग ही अपने बच्चों को बाइक-स्कूटर देते हैं।' मंजुला जी का पारा चढ़ रहा था।

'अरे, इसमें क्या खराब है? स्कूटर से अपनी माँ को बाजार तक छोड़ने जाता था।' चूँकि ज्ञानेन्द्र जी का ध्यान कहीं और था, इसलिए गलती से यह जवाब दे दिया।

'यही असली बात है तुम्हारे अन्दर। कम उम्र के लड़कों के गाड़ी चलाने को लेकर चिढ़ नहीं है, उल्टा तुम ग्लोरिफाई कर रहे हो। ऐसे ही लोग बाद में रोते हैं। वैसे बाद में रोने से कुछ भी हासिल नहीं होता है।' मंजुला जी का धैर्य अब समाप्त हो चुका था। उन्होंने साथ में धमकी भी दे डाली, 'याद रखना, अपनी यह सोच अपने पास रखना। बच्चे के आगे कभी मत कहना कि मैं दसवीं में स्कूटर चलाता था। गलती से मेरे बच्चे को पता न चले। वैसे भी दो महीने बाद वो नौवीं में आ जाएगा।'

'अरे, इससे क्या होगा? इतना मत घबराया करो। आजकल तो बच्चे और स्मार्ट हैं।'

'क्या होगा?' मंजुला जी की आँख भर आई थी, 'पढ़ो ये मैसेज : रोहित, आज तुमको गए हुए दस साल हो गए। तुम हमें रोज उतना ही याद आते हो। ...जानते हो, इस लड़के की मौत सड़क-दुर्घटना में हुई थी। आज अगर ये परिवार बाइक न देता तो यूँ रोना न पड़ता।'

'अरे, जीना-मरना किसी के हाथ में है क्या? वैसे भी तुम्हें क्या पता कि वो बाईक चला रहा था या नहीं? आजकल तो साइकिल को भी कोई गाड़ी टक्कर मार देती है।'

बस, अब तो सुबह की चाय ही आखिरी चाय होगी यहाँ। फिर क्या लड़ाइयों की संख्या! पानीपत का युद्ध जितनी बार लड़ा गया, उससे भी ज्यादा एक दिन में होनी तय हो गई। दस साल पहले सड़क-दुर्घटना में दुनिया छोड़ गए रोहित का शोक-सन्देश किसी के घर में इतना शोक भर देगा, ऐसा तो रोहित के लिए विज्ञापन देते समय उसके परिवार के लोगों ने भी नहीं सोचा होगा। सारे तीर, खंजर, तलवार वहाँ उपस्थित हो गए। खानदान के खानदान की बखिया उधड़ने लगी।

दो दिन बाद जाकर मामला तब सुलझा, जब ज्ञानेन्द्र जी ने खुद और

अपने बेटे से भी कबूलवाया कि अठारह साल से पहले घर में बाइक की बात नहीं होगी।

लेकिन आज तो कुछ अलग ही माहौल था। खबर थी कि एक लड़की शराब के नशे में धुत थी। उसे लेकर एक लड़का अपने घर गया क्योंकि लड़की का घर दूर था और उसने कहा कि ऐसी हालत में वह अपने घर नहीं जाना चाहती। सुबह घरवाले जब ढूँढ़ते हुए आए तो उसने कह दिया कि लड़का उसे जबरदस्ती लेकर आया है। लड़की ने यह भी कहा कि लड़के ने उसके साथ जबरदस्ती सम्बन्ध बनाए हैं। घरवालों ने पुलिस बुला ली और लड़का जेल में चला गया। चूँकि बात पड़ोस की थी इसलिए अखबार की गर्मी से भी ज्यादा गर्म होकर उनके घर तक आ गई थी।

मंजुला जी का पारा चढ़ा हुआ था। 'लड़कियाँ तुम्हारी बहुत दोस्त हैं, तुम भी देख लो।'

'तो क्या हुआ?' ज्ञानेन्द्र जी को कुछ समझ नहीं आया।

'अरे मतलब, तुम भाई! उनके साथ पीने-पिलाने का सिस्टम मत रखना।'

'अरे, मैं कौन-सा पीता-पिलाता हूँ!'

यहाँ तक तो जवाब ठीक था, लेकिन लम्बा जवाब ज्ञानेन्द्र जी पर भारी पड़नेवाला था। उन्होंने अपनी महानता का प्रदर्शन करते हुए कहा कि वैसे भी हर लड़की वैसी नहीं होती।

अब तो बहस ने जोर पकड़ लिया। सारे गड़े मुर्दे फिर एक बार आकर खड़े हो गए। हर बात इतनी ताजी कि जैसे अभी-अभी बीती हो! एक-एक सेकेंड का चित्रात्मक वर्णन होने लगा।

ज्ञानेन्द्र जी भी थोड़ा नाराज-से हो गए थे। उन्होंने कहा, 'ये बात तो तुम्हारे ऊपर भी लागू होती है। अपने बारे में सोचो।'

'मैं अपने बारे में क्या सोचूँ? मैं तुम्हारी तरह नहीं हूँ। मुझे आदमी की परख है। हर बार तुम याद करो, मेरी बात सही निकली है।'

'जाकर भविष्यवाणी की दुकान क्यों नहीं खोल लेती हो, खूब चलेगी।' ज्ञानेन्द्र जी ने तल्खी से कहा।

'हाँ, भविष्यवाणी ही कर रही हूँ। अगर तुम नहीं सँभले तो तुम्हारा भी हाल वही होगा जो उस लड़के का हुआ।' फिर कुछ सोच-समझकर उनको समझाने लगीं, 'अरे, कभी ऐसा हो, मान लो, कोई सड़क पर मिल जाए...'

'हाँ, सड़क पर लड़कियाँ पीकर लड़खड़ाते मिल ही जाती हैं। तुमको जरूर मिलती होंगी।' ज्ञानेन्द्र जी आज सुनने को तैयार नहीं थे।

'अरे मान लो, मिल जाए, तो कभी ये मत करना कि छोड़ने चले जाओ। अरे पुलिस को फोन करो तुरन्त, लेकिन तुम्हारे जैसे आदमी बहादुर बनने लगते हैं। वैसे भी आदमी को क्या चाहिए, मदद करने का बहाना, लेकिन गलती नहीं करना, अब अलग तरह की दुनिया है। पता चला कि तुम मदद करने चले हो और लड़की कुछ का कुछ बना दे। वैसे भी पीना-पिलाना कोई अच्छी बात नहीं है।'

'अरे तुम तो ऐसे बात कर रही हो, जैसे कोई मैं महफिल सजाकर बैठता हूँ। प्लीज, बेवकूफों की तरह बात नहीं करो।'

'तुम मेरा मुँह मत खुलवाओ। क्या तुमने अमिता के साथ एक बार ड्रिंक नहीं किया था?' मंजुला जी ने पाँच साल पहलेवाली बात पिटारे से निकाली।

'अरे यह क्या बात हुई! हम लोग इतने पागल नहीं हैं। वैसे भी वो बहुत मैच्योर है और एक पेग से कुछ नहीं होता।'

यह पेग वाली बात तो आग में घी बन गई। मंजुला जी को वैसे भी ऑफिस ट्रिप का यह किस्सा शुरू से नापसन्द रहा था। आज तो बस खैर नहीं।

'तुम्हारे जैसे एक पेग और दो पेग की थ्योरी वाले लोग ही मुसीबत की जड़ हैं।'

'अरे तुम दवा खाकर अपना इलाज करती हो, मैं दारू पीकर। क्या दिक्कत है?' श्रीमान महान ने मजाक का एक गुब्बारा फेंका। सोचा कि मंजुलाजी कोई बच्ची हैं, थामकर खुश हो जाएँगी।

'मैंने पहले ही कह दिया कि बेवजह मजाक मत किया करो। तुम्हारे जैसे आदमी ही फँसते हैं। तुमको सेंस नहीं—किसके साथ बैठो, किसके साथ नहीं।'

अब आगे का किस्सा यहीं समाप्त होता है। नहीं, आगे कुछ हुआ है, सुनिए।

ज्ञानेन्द्र जी बस डर के मारे कुछ नहीं बोले। जी में रोज आ रहा था कि पूछें कि वह पीकर बहकनेवाली औरत किस जगह पर मिलेगी। देख तो आऊँ। पक्का पुलिस को ही फोन करूँगा, घर लेकर नहीं आऊँगा, न ही छोड़ने जाऊँगा। बस, कभी मंजुला जी से जिक्र करने की हिम्मत नहीं पड़ी।

शनिवार की बात थी। श्री ज्ञानेन्द्र जी ने पक्का इरादा कर लिया था। बॉर के बाहर अँधेरे वाली जगह पर जाकर खड़े हो गए। दिल भीतर से घबरा रहा था, लेकिन बहुत ही रोमांचित महसूस कर रहे थे। लग रहा था कि अभी कोई सुन्दरी सुरापान करके लड़खड़ाते हुए निकलेगी और वह उसे बाँहों में थाम लेंगे, लेकिन इतना साहस नहीं था कि रेस्तराँ कम बॉर के बाहर खड़े हो जाएँ। वह थोड़ी दूर नाली के पास अँधेरेवाले कोने में आकर खड़े हो गए। उसी समय जादू हुआ। उनका ध्यान नाली के पास उल्टी करती एक महिला पर गया। 'लग रहा है, औरत को सुरा हजम नहीं हुई।' ज्ञानेन्द्र जी यह सोचकर बहुत प्रसन्न हुए। महिला के घुँघराले बाल पीठ पर फैले थे और टॉप झुकने के कारण थोड़ा ऊपर उठ गया था। कमर का उतना हिस्सा दिख रहा था। उस जगह पर अँधेरा इतना था कि ठीक से पहचाना नहीं जा रहा था। ज्ञानेन्द्र जी को थोड़ी राहत भी लग रही थी। अच्छा है, कोई ऑफिस का आदमी नहीं देख पाएगा। वह नजदीक जाकर बोले, 'आपकी तबियत ठीक नहीं लग रही, कोई मदद चाहिए?'

तब तक वह लड़की पानी की बोतल निकालकर अपना मुँह धो रही थी। वह पलटी नहीं।

'अगर ठीक लगे तो मैं घर छोड़ सकता हूँ आपको।'

आज भी ज्ञानेन्द्र जी को जब वह मनहूस वाक्य याद आता है तो सारे ग्रह-नक्षत्रों को कोसने लगते हैं। लड़की ने पर्स गोदी में से उठाया और अपने बाल समेटे और पलटकर बोली, 'कैब बुक कर दिया है ज्ञानेन्द्र जी।' श्रीमती मंजुला अपने पति की आँखों का एक्सरे करते हुए बोलीं।

मजे की बात है कि अगले दिन के अखबार में इस घटना का कोई जिक्र नहीं था।

प्रतिस्मृति–जैसे माई, वैइसे धीया

'तुम कौन हो? तुमको हमारे मामले में बोलने का हक कब से मिल गया?'

'मुझसे बदतमीजी से बात मत करो। भूल गए, जब काम था तब तो...'

'तुमने क्या किया हम लोगों के लिए? बताओ, तुम्हारे यहाँ कितने दिन था? बोलो, कितना पैसा चाहिए? तुमको शर्म नहीं आती, हिस्सा बँटाने की बात कर रही हो! जाओ, जिससे लेना है, ले लो। यहाँ कुछ नहीं मिलेगा। तुम्हारी बदतमीजियों के किस्से हम लोग बताते नहीं वरना तुम्हारी तरफ कोई देखेगा भी नहीं।'

'तुम बदतमीज हो, घटिया हो, इसलिए ऐसे बात कर रहे हो।'

'तू आ पहले, हमारे यहाँ, बाँस लगा दूँगा। ले ले, दम हो तो ले ले...'

'देखो, ऐसी बात करोगे तो मैं तुम्हें छोड़ूँगी नहीं, केस कर दूँगी। लड़कियों का भी हक होता है। इतनी बड़ी-बड़ी बातें करते हो और जब मैं प्रापर्टी पर बात कर रही हूँ तो तुम मुझसे बकवास कर रहे हो? तुमने पापा का घर बेचकर अपने नाम पर घर क्यों लिया? मम्मी तक के नाम घर नहीं है। हम लोगों को बताया तक नहीं।'

'जा-जा, कोर्ट से लड़कर ले ले। तेरी जैसी घटिया लड़कियाँ कुछ भी कर सकती हैं।' उसने गुस्से में फोन काट दिया। भाई-बहन के बीच आज पूरी बहस फोन पर हुई।

थोड़ी देर बाद फिर उसकी दूसरी बहनों के फोन आने लगे। सबकी अपनी जिन्दगी की उलझनें थीं। हर कोई अचानक आए तूफान से परेशान था। सारी आवाजें एक दूसरे में घुल-मिल जा रही हैं।

'यार, तुम क्या कह रही हो ये? हम लोगों से क्या मतलब?'

'माँ को अभी इतनी जल्दी बँटवारा नहीं करना चाहिए था।'

'ठीक है लेकिन हम लोगों से क्या मतलब...।'

'देखो, प्लीज, हमें इस मामले से अलग रखना। मुझे कोई प्रापर्टी नहीं चाहिए। मेरे पति ठीक-ठाक कमाते हैं...। उफ, उन तक भी बात पहुँच गई है? क्या सोचेंगे कि इनके घर में क्या चलता रहता है। माँ तुमसे बहुत नाराज है।'

माँ का फोन आ रहा था। अपने रोज-रोज के सुख-दुख कहनेवाली माँ बिलकुल दूसरी औरत में बदल गई थी। माँ बोले जा रही थी, 'तुम जाओ, अपनी ससुराल में हिस्सा लो। तुमने शैलेश को कोर्ट की धमकी दी है। मेरा घर चाहे मेरे नाम हो या शैलेश के, तुमसे क्या मतलब? तुम हमारे घर के मामले में कौन हो बोलनेवाली? हमारे घर की बात है, हमने तो तुम्हें बुलाया नहीं था। दिख मत जाना हमारे यहाँ...'

लड़की की आँख से आँसू झर रहे थे। उसका चौदह बरस का छोटा भाई उससे फोन पर लड़ रहा था। उसने अपना अब तक का दिल-दिमाग यह साबित करने में लगाया था कि लड़कियाँ भी लड़कों की तरह होती हैं। वह भी अपने घर अपने माता-पिता से उतना ही प्रेम करती हैं जितना कोई और। उसने यह जाना था कि जैसे लड़कों के कर्तव्य होते हैं, वैसे ही लड़कियों के। यह बात तो उसकी माँ भी मानती थी और काफी हद तक तो उसके पिता भी। पिता की मृत्यु के बाद माँ हर बात उसे बताती थी। कोई भी मुसीबत हो, वह किसी भी जिम्मेदार लड़के की तरह लग जाती थी, लेकिन वह लड़का नहीं थी, क्यों भूल गई?

धीया के करकिया

शान्ति को कई बरस पहले एक काँटा अँगूठे में चुभ गया था। काँटा जस का

तस उसके अँगूठे में अभी भी है, लेकिन हर साल छह महीने पर करकने लगता है। चुभने लगता है। यह चुभन इतनी तीखी, इतनी अलग होती है कि जी करता है, उसको नोंचकर निकाल दे लेकिन वह भी नहीं हो सकता। ऐसा लगता है कि काँटा अगूठे में नहीं, उसके भीतर दिल-दिमाग में कहीं गड़ गया है और वह अब पूरे शरीर पर भारी काँटा उभरा-सा दिखाई देता है। कई बार लगता है कि जैसे कोई अलग से नीली-सी नस उग गई हो! वह उसे बार-बार छूकर भी देखती है। डॉक्टर के यहाँ जाकर इसे निकालना पड़ेगा, यानी इसका ऑपरेशन होगा तभी निकलेगा।

...जौं मोहीं जनतै धीया हो कोखी होइहं
खाइत मरीचिया के झाक
मरीची की झकिया धीया हो मरि जइतीं
धीया के करकिया न होय...

'जो मैं जानती कि लड़की पैदा होगी, तो मिर्च फाँक लेती। उसकी धाँस से लड़की मर जाती। कम-से-कम वह पैदा होकर चुभती तो न रहती।' शान्ति सोहर गा रही है। और हल्के-हल्के से बच्चे को मालिश कर रही है।

लड़की को सोहर कभी बुरा नहीं लगा। उसका मन करता था कि माँ भी सबकी तरह घर पर सोहर कराए। वह खुद भी माँ के साथ कइयों के यहाँ जच्चा-बच्चा में जा चुकी है। वहाँ पर खूब जमघट लगता है। पहले पाँच सोहर की रस्म होती है जो लड़की पर भारी पड़ती थी—वही धुन, वही धुन। लेकिन वह धीरे-धीरे उनको सुनने लगी। फिर उसने देखा कि जब सोहर गाते समय औरतें गाती हैं कि गंगा माई ने भी जिसको लड़का नहीं है, उसको आत्महत्या के लिए नहीं स्वीकारा, तो रोना आ गया। माँ सबकी आँख बचाकर आँसू पोंछ लेती है। लड़की छटपटाकर रह जाती है। उस पूरे गीत-समारोह में कोई आदमी यानी कोई पुरुष नहीं होता था। सब तरफ औरतें। पुरानी औरतों के पुराने गीत, नई औरतों के चुहल भरे गीत।

बेटा-जन्मी जच्चा को नाजो-नखरा नसीब होता है। वह गीतों में अपनी

बात बता रही है कि सास-ननद देवर, सबको कुछ-न-कुछ चाहिए था। जच्चा सबको कुछ-न-कुछ गीत में दे रही है। औरतें गीत-गवनई में पान जरूर खिलाती थीं। लड़की का कुल मामला इसी पान पर टिका था। सामान्य दिनों में उसके घर की कोई महिला पान नहीं खाती थी, सिर्फ एक बूढ़ी आजी को छोड़कर, लेकिन इस दौरान पान एक जरूरी रस्म बन जाती। उसकी माँ आदतन पान नहीं खाती थी। बस, एक लौंग लेती थी और लड़की माँ के हिस्से का पान जरूर खाती थी। औरतें देर तक गाती थीं और अन्त में बारी आती थी सबसे महत्त्वपूर्ण कार्यक्रम यानी नाचने की। शायद लोग भागें नहीं इसलिए पाँच सोहर, पाँच देवी गीत, फिर जच्चा-बच्चा, फिर नाचने का कार्यक्रम होता था। करते-कराते आधी रात बीत जाती थी। लड़की की आँख अगली सुबह हमेशा देर से खुलती थी। माँ तो उठ ही जाती थी। लड़की को कभी ये गीत बुरे नहीं लगते थे क्योंकि वे उसके जीवन का हिस्सा थे, लेकिन कभी उसे शान्ति की तरह अपने शरीर में चुभा कोई काँटा लगने लगता और कभी-कभी तो इतना करकता कि मन करता कि काटकर फेंक दे। उसकी हालत बिलकुल अपनी माँ की तरह थी जिसको अपनी बेटियाँ बहुत प्यारी थीं लेकिन कभी-कभी वह उसे चुभने लगती, इतना चुभने लगती कि वह दर्द के मारे छटपटाने लगती थी।

जब भाई पैदा हुआ था तब का यह सबसे समधुर गीत था। वह खुद भी फूली नहीं समा रही थी। नई फ्राक पहने अपने बहनों समेत वह सचमुच में बहुत खुश थी। उस ओदी-सी दुनिया में मान-अपमान के अपने ही तरीके थे। दो साल पहले सिंह साहब से नाराज रिश्तेदार ने भरी सभा में घोषणा की थी कि मेरी गदोरी पर सरसों जम जाएगी अगर फलाँ सिंह के यहाँ लड़का पैदा हो गया।

लड़की कई बार सुन चुकी थी कि जिसके यहाँ लौकी ज्यादा फलती है, उसके यहाँ लड़का नहीं होता। उसकी छत पर लौकी की लत्ती फैली हुई रहती थी—खूब बड़ी-बड़ी गोलवाली लौकी फलती थी। इतनी बड़ी, जैसे फुटबॉल! लेकिन काटकर छौंक दो तो मक्खन की तरह नरम।

माँ से उसे सख्त नाराजगी थी। वह उसे घर-घर पहुँचाने का काम देती थी। कभी-कभी उसे पत्तों पर राख डालने का भी काम देती थी। इतनी मेहनत करो,

ऊपर से जिसके घर जाओ, अहसान मानने के बजाय किस्सा सुनाने लगता है। आज गुस्से में उसने छत पर जाकर लौकी की नन्ही-नन्ही बतिया मसल दीं और बाद में माँ ने बहुत डाँटा। उसे खुद भी खूब रोना आया।

कौन कहेगा कि गंगा में जौ उग गई और हथेली पर सरसों उग गई? नगाड़ा और डुगडुगी तो नहीं पिटी लेकिन बड़े-बड़े लाउडस्पीकर लगाकर गाँव में नगाड़ा तो पिट ही गया। सोहर छठ्टी बरही रिश्तेदारों का मजमा लगा गया। पाँच लड़कियों के बाद कुलदीपक पैदा हुआ था। उस घर का सबसे सुन्दर त्योहार मना। उनका जीवन सफल हो गया था। भगवान ने उनकी सुन ली थी। शान्ति की तपस्या सन्तोषी माता ने सुन ली थी। माँ का गीत पूरे आँगन में सुनाई दे रहा था :

पूता के जनमले हो निरमलि कोखिया
दिन दिन रहे सगोड़
जौ मोहीं जनतीं पूता कोखी होइहैं
पीयतीं सुरहिया गाइ क दूध...

'बेटे के पैदा होने से मेरी कोख निर्मल हो गई। बेटा मेरा रोज-रोज बढ़े। मुझे पता होता कि पेट में लड़का है तो भर सुराही गाय का दूध पीती।'

सचमुच शान्ति को पता नहीं था कि पेट में छठवाँ बच्चा लड़का है। वह बार-बार लड़की पैदा होने पर दुखी रहती थी। और अपना नसीब मान चुकी थी, इसलिए इस बच्चे के समय कभी कटोरी भर सिरका खाया, कभी ऊलजलूल दवाई, लेकिन लड़की को इस खुशी के माहौल में कुछ करकने-सा लगा था। बच्चा थोड़ा कमजोर था।

कमजोर तो ठीक पहले पैदा हुई लड़की भी थी क्योंकि उसकी उम्र पैदा हुए बच्चे से बमुश्किल सवा साल ज्यादा थी, ऊपर से माँ का दूध नहीं मिलने से भी रिरियाई-सी रहती थी।

माँ का दिल हाल में पैदा हुए बच्चे के लिए भरा-भरा रहता था। उनको अपने किए पर बड़ा पछतावा रहता था। लड़कियों का बस चलता तो वह

अपने हिस्सा हाड़-मांस दे देती। आखिर वही तो है जिसकी वजह से उनकी लम्बाई-चौड़ाई पर लोगों का ध्यान कम जाने लगा था।

शैलेश शरीर से कमजोर था और खाने-पीने में नखरीला। ऐसे में कभी-कभी किसी ताई की बात बहनों को चुभ जाती कि सारा तो इन्हीं लोगों के शरीर में लग जाता है, लड़के को लगे क्या! ऐसे में लड़कियों को फिर कुछ करकने लगता।

किसका किस्सा गाती हो

दोपहर में लड़की की चाची और माँ जात पर चना पीस रही थीं और जँतसार गा रही थीं। चाची और माँ कोई काम बिना गाए और बिना रोए नहीं करती हैं। वैसे दोनों काम एक साथ ही होते हैं इनके।

सासू आवत बाटेन
दोऊ सिपहियाँ हो ना
सासू एक सिपहिया, ननदी के बिरना हो ना
सासू दूसर सिपहिया, मोरा बिरना हो ना
सासू कहवा बिठाई, ननदी बिरना हो ना
सासू कहवा बिठाई, आपन बिरना हो ना

बिरन माने भाई यानी लड़की कह रही है कि 'मेरा भाई और मेरी ननद का भाई यानी मेरा पति, दोनों एक साथ आए हैं', और सास से पूछ रही है कि 'उन्हें कहाँ बिठाए, क्या खिलाए।' सास कहती है, 'पूछने की क्या जरूरत है, जहाँ मर्जी आए, बिठाए और अपना भाई तो दूर से आया होगा, उसको अच्छे से बिठाए...।'

आज छक के बारिश हो रही है। बारिश के चलते खाना जल्दी बन रहा था, नहीं तो शाम से ही पाखी उधराने लगती। वैसे भी खाना बनाना आसान काम

नहीं है। आँगन खुला हुआ है और बारिश के चलते वहाँ फिसलन बहुत बढ़ गई थी। बीच में कहीं ईंट रखकर आने-जाने का थोड़ा इन्तजाम था। लड़कियों के अढ़वा-टिकोर का काम था। वैसे भी चूल्हे पर खाना बनाते समय दौड़-भाग के लिए कोई चाहिए ही। लड़कियाँ दौड़-दौड़कर कभी लकड़ी, तो कभी मसाला, तो कभी लालटेन रख रही थीं। गाँव में दिन और रात, दो हिस्से में बिजली बँटी थी। आजकल दिन की लाइट चल रही है यानी दिन में जो चार घंटे बिजली आई थी, अब रात को नहीं आएगी। ट्रांसफार्मर फुँका था। वैसे भी महीने-भर का इन्तजाम हो गया। जब सब लोग पैसे जोड़ेंगे, तब वह ठीक होगा।

सिंह साहब छुट्टी पर आए थे। उनको जरा-सी भी बदइन्तजामी पसन्द नहीं थी। सरकारी बदइन्तजामी भी उनको घरेलू बदइन्तजामी लगती थी। मोहन बिजलीवाले की माँ-बहन को बुरी तरह से याद फरमा रहे थे। उसी संझा रमेश मामा आए थे—सावन में बहन से मिलने। माँ का तो अपना कोई सगा भाई नहीं था। ये माँ की ननिहाल के थे। जब कुछ लोग रिश्तों से पीछा छुड़ा रहे थे, ये लोग थे कि अब भी न मालूम कौन-सा नाता लगा लेते थे!

लड़की को अन्दर के कमरे से सुनाई दे रहा था, 'ये साला क्यों आया है? मैंने कह दिया था कि इसको यहाँ आने की कोई जरूरत नहीं तो यह क्यों आया?'

माँ किसी तरह हाथ जोड़कर कह रही थी, 'आगे से नहीं आएगा। काकी ने जबरदस्ती भेजा होगा। आज इज्जत रख लो। आगे से नहीं आएगा।'

मेहमान आने की खुशी बच्चों को खूब होती थी। वैसे भी ये आए मेहमान गरम-गरम अनरसा यानी चावल की हल्की लाल-सी पूड़ियों वाली मिठाई लेकर आते थे। तीसरी-चौथी बहनें सुबह से घूम-घूमकर गा रही थीं, 'दऊ-दऊ बरसा, हम खाई अनरसा...' और शाम से गाए जा रही थीं, 'दऊ-दऊ घाम द, बदरी बिहान द...।'

बड़ी दोनों लड़कियाँ मन-ही-मन माँ की प्रार्थना बुदबुदा रही थीं, 'बस, आज इज्जत रख लो भगवान। पापा, इनके सामने मम्मी पर न चिल्लाएँ।'

शान्ति किसी तरह से चाय बनाकर लाई। रमेश मामा समझ गए थे। बहन

के चेहरे का दर्द देखकर कहने लगे कि 'बगलवाले गाँव तक आ रहे थे, काकी पीछे पड़ गई कि परवल खूब हुआ है। अनरसा भी मीठेपार में बना था।'

'अरे तो क्या हुआ भइया! आदमी अपना परिवार थोड़े न छोड़ देता है!' माँ ने किसी तरह अटकते हुए कहा। वह बहुत कुछ कहना चाहती थी लेकिन हिम्मत नहीं पड़ी। वैसे भी डर रही थी कि कहीं ज्यादा बात की तो यह रात न रुक जाए। फिर घर में कबाहत होनी तय है। बस, ईश्वर से यही प्रार्थना कर रही थी कि यह आज चला जाए।

रक्षा-बन्धन का दिन था। लड़कियाँ चचेरे भाइयों से 'राखी बँधवा लीजिए' की चिरौरी कर रही थीं। कोई राखी बँधवाने को राजी न था। कुछ न कुछ बहाना बनाकर निकल जा रहे थे। माँ और बड़ी ताई में कुछ झगड़ा हो गया था। उसका बदला भाइयों की ओर से लिया जाना था। सुबह से तीन बार बुलाया गया लेकिन कोई भी नहीं आया। माँ शहर के अस्पताल में भर्ती थीं। लड़कियों से हर आदमी भगवान से वरदान माँगने के लिए कह रहा था : 'तुम ही लोग राक्षसिन हो। भाई माँगोगी तभी तो मिलेगा।' लड़कियाँ तो कितने बरसों से भाई माँग रही थीं। उनमें से तो एक-दो ने सोचा कि खुद भाई की तरह बन जाएँ लेकिन बात बनी नहीं। उनके मिट्टी का तेल ढोकर लाने, सिर पर रखकर आटा पिसाने पर भी कोई फर्क नहीं पड़ा। चारों लड़कियाँ तय नहीं कर पा रही थीं कि किस भगवान से माँगें। उन्हें अपनी ही पूजा में कुछ कमी लग रही थी।

...जब मोरे बेटी हो लीहलीं जनमवाँ
चारों ओरी घेरे अन्हियार रे ललनवाँ

'जब मेरे घर में लड़की ने जन्म लिया, चारों ओर अँधेरा छा गया।'

अस्पताल के बगलवाले बेड पर औरत रोए जा रही थी। उसकी माँ रोटी लेकर आई थी। वह चाय-रोटी खा रही थी और हिचकी ले रही थी। शान्ति ने पूछा, 'क्यों रो रही हो?'

औरत ने बताया, 'मेरे लड़की हुई है।'

'ससुराल से कोई नहीं आया?'

'बस, मेरी माँ है साथ में।'

शान्ति की भी आँख भर आई।

उसी समय पापा इमरती बाँट रहे थे। औरत ने कहा, 'लगता है, आपको बहुत बरसों बाद कोई बच्चा हुआ है।'

शान्ति को समझ नहीं आया कि क्या जवाब दे। बस, धीरे से बोली, 'नहीं, पाँचवीं लड़की है।'

इमरती वाली बात सुनकर लड़कियों की आँख भर आती थी। वे बार-बार यह किस्सा कहती थीं। उलट-पलटकर कई-कई बार। इस तरह से वे अपने पैदा होने से जो अँधेरा हुआ था, उसमें उजाला भरती थीं।

फिर एक दिन दीया जला। घर में उजाला हो गया। वैसे लड़कियों को अपने अँधेरे होने का पता जल्दी नहीं चलता था। बड़ी ने छोटी को, छोटी ने उससे छोटी को और पाँचवीं तक आते-आते अँधेरा उतना नहीं रहा। ऐसी ही यह छोटी थी। वैसे भी सबकी दुलारी। उसकी पीठ शुभ थी। वह भाई लेकर आई थी। भाई उन सबके लिए गुड्डा था जिसके लिए वे सब तरसती थीं। मजे की बात, उस घर में वैसे भी एक गुड्डा था—रबर का गुड्डा, प्यारा-सा लाल कपड़े पहने हुए। लड़कियों ने उसका नाम शैलेश रखा था। वैसे गुड्डे का नाम शैलेश कुछ अटपटा था। यह चारों का प्रिय खिलौना था। बाद में जब एक बहन और भाई और जुड़ गए तब तक शैलेश झर चुका था। रबर का रंग काला पड़ चुका था। फिर एक दिन लड़कियों ने मिलकर उस गुड्डे को दफना दिया। बहुत दिन तक वह गुड्डा उनकी स्मृतियों में बसा रहा। वह उनका इकलौता मिल-बाँटकर खेलनेवाला खिलौना था। उन्हें वह क्यों पसन्द था, वह कहाँ से आया था, उनमें से यह किसी को याद नहीं था।

घर में एक दूसरा खिलौना आया था—रबर का नहीं, असली। उन्होंने उसे

बहुत प्यार किया। वह था भी बहुत शरारती। कभी हाथ जला लेता तो कभी माथा फोड़ लेता। ऐसे में उसकी सुरक्षा का खयाल लड़कियाँ खूब रखती थीं। बड़ी दो लड़कियों की उम्र से तेरह-चौदह बरस छोटा। नन्हा शैलेश।

पिता बन गई थीं, बड़ा भाई बन गई थीं दोनों लड़कियाँ। कहाँ क्या है, क्या रखना है, कहाँ क्या कागज है, किसको कितना देना है, लेना है—इन सब पर नजर रखती थीं दोनों।

उस दिन गाँव का घर बेचा जा रहा था, तब भी उसने कहा था कि 'कौन आता है दीदी यहाँ।' वह कहना चाहती थी ठीक वैसे ही, जैसे शान्ति कहना चाहती होगी कि इस घर का कोना-कोना उसके जीवन की कहानी है।

'जानते हो, वो जो खटोला है, वह भी कमाल की चीज है। हर बार हमने उसमें एक छोटे बच्चे को सोते देखा। दक्खिन के कमरे में जंगला कब लगा, तुम्हें पता है? तुम्हें कहाँ पता होगा! वह जो कोने में छोटा-सा बक्सा है न, वो बड़ी जिज्जी नानी के घर से लेकर आई थी। उसकी बहन ने उसे देते हुए कहा था कि इसमें तुम अपनी किताबें रखना। और ये जो बड़ी-बड़ी गेहूँ-चावल की टंकियाँ हैं न, अँधेरे में वो पिटाई से बचने की, छुपने की जगह हैं, जहाँ वह बैठकर पिटाई से भी ज्यादा खयाली भूतों से डर जाती थी। उससे भी ज्यादा तब डर जाती थी, जब उन्हें कोई ढूँढ़ने नहीं आता था। पहले आँगन के बाद कोई कमरा नहीं था। हम लोगों ने मिलकर ईंट का चट्टा लगाया था। इतने मजदूर आते थे—सबका चना-घुघनी बीड़ी-पानी। पीछे के दो पेड़ जिज्जी के लगाए हुए हैं। उसके अलावा सारे पेड़ बुआ ने लगाए हैं।

पर ऐसी बातें कहाँ सुहाती हैं ऐसे मौके पर। शैलेश बच्चा तो था नहीं। वह अब एक पूरा आदमी है। आदमी से ऐसी बातें कहाँ करते हैं। उसने शैलेश से कुछ नहीं कहा।

फिर बारी आई खेत बेचने की। वह पूरे समय बताता रहा, 'इसे बेचकर हम लोग शहर में एक घर लेंगे, जहाँ हम सारे लोग आराम से रहेंगे।'

जब भी वह 'हम' कहता था, लड़की को बचपन का पूरा परिवार दिख जाता था। उसे भी ठीक लगा। आखिर शान्ति अकेले गाँव रह नहीं सकती थी, फिर सारे भाई-बहन वहाँ इकट्ठे मिलेंगे। लड़की भी जानती थी कि पूरा जीवन किसी म्यूजियम में नहीं काटा जा सकता था। वैसे इस म्यूजियम में भी एंट्री स्वतन्त्र तौर पर कभी नहीं थी, फिर भी माँ के रहने से बहनें वहाँ आ जाती थीं। निफिक्र होकर कोना-कोना देखती रहती थीं। कोई आकर पूरे साल का गेहूँ बनाती तो कोई आकर चावल के कंकड़ साफ करके रख जाती। खेत का लेखा-जोखा, टूटी छत की मरम्मत, पेड़-पौधे—सबको सँभालतीं।

इन लड़कियाँ का किस्सा कुछ भी हो लेकिन शैलेश उनका अपना खिलौना था—वही पुराना वाला। इन सबके बीच वह शैलेश की किताबें, उसकी अलमारी और उसके स्वास्थ्य का खयाल रखना कभी नहीं भूलती थीं।

बिक्री के ग्राहकों के फोन तक बड़ी बहन के पास आते थे, 'आपके भाई ने बताया है कि फाइनल आप ही करेंगी।'

बैंक में पैसा ट्रांसफर होने तक उसे पता था। उसने भाई की सुरक्षा में कोई कोर-कसर नहीं छोड़ी। कहीं न कहीं वह खुश भी थी कि शैलेश बाकी लड़कों की तरह नहीं है। वह अपनी बहनों से भी सलाह-मशविरा करता है।

'माँ, अब सबको पार्टी दे दो।'

'अरे, कहाँ से दे दो? घर लोन पर लिया है भाई ने।'

'अरे क्यों, गाँव का घर बेचकर तो पैसे मिले थे!'

'हाँ, लेकिन वह कहीं अलग जमीन लेना चाहता था। उसने उस पैसे से जमीन ले ली।'

'अरे ऐसी क्या जल्दी थी! बाद में खुद अपनी कमाई से ले लेता। तुमने ऐसा क्यों किया? एक बार बताया तक नहीं।'

'क्या करते? आदमी अपने बच्चों के आगे मजबूर हो जाता है। कहने लगा कि प्लाट पर लोन नहीं मिलता। घर लोन पर ले लेता हूँ।'

'अरे प्लाट पर भी मिलता है।'

'फिर जिसने लोन लिया, घर उसका होता है, यानी प्लाट भी उसका, घर भी उसका।'

'ये तो गलत है और 'बच्चों' मत कहो मम्मी, 'लड़कों के आगे' कहो। आदमी लड़कों के आगे मजबूर हो जाता है।' लड़की गुस्से में बोले जा रही थी।

माँ चुप हो गई, जैसे पहले हो जाती थी—सबकुछ समझते-बूझते हुए भी।

'और घर... तब माँ, हमारा कोई घर नहीं?'

उसने फोन पर बात की। उसे माँ की उदासी समझ में आ रही थी। छटपटाहट बढ़ती जा रही थी। अभी तो घर ढुँढ़वाने के समय वह भाई के साथ घूम रही थी, उसने कुछ क्यों नहीं बताया? उसने उसी गुस्से में भाई को फोन किया। इस उम्मीद से कि वह शर्मिन्दा होगा। चलो, शर्मिन्दा न सही, अपनी कोई मजबूरी बताएगा लेकिन फोन पर कोई और था। फोन पर एक ताकतवर मर्द था—बहुत ताकतवर। उसकी ताकत कई-कई गुना हो गई थी। उसके लोग लगातार फोन कर रहे थे। अजब-सा संचार का जाल था—अत्याधुनिक। हर मिनट पर कोई-न-कोई फोन कर रहा था। हर मिनट लड़की को लगता था कि वह युगों पीछे जा रही हैं।

सपने का चील और माँ का गीत

माँ जाँत पर चाची के साथ कोई गीत गा रही थी। बारिश का मौसम था। चना पीसा जा रहा था। लड़की को हमेशा लगता कि एक ही गीत इन दोनों को कैसे याद है, ऊपर से धुन भी! लड़की को गीत बड़े अच्छे लगते थे, क्योंकि कई बार उनमें एक कहानी छुपी होती थी। माँ को कभी कहानी सुनाने की फुर्सत नहीं मिली लेकिन कभी गीत गाने से भी फुर्सत नहीं मिली। जब भी वह गाती, किस्सा अपने-आप ही आ जाता। वैसे तो यहाँ सारी औरतें ऐसी ही थीं। आदमी तो कभी अपने पुरखों को याद करके कुछ नहीं गाते थे लेकिन शादी-ब्याह में औरतें कई सारे गीत गाती थीं जिसमें तमाम पुरखों को याद करती थीं। उन्हीं

गीतों में लड़कियों को सहराजी, अनारा, कटोरा, मुनक्का देई के नाम पता चले। उसके बाद तो वे दोनों खोद-खोदकर यह जानना चाहती थीं कि आखिर ये लोग कौन हैं? फिर किस्से से किस्सा खुलता जाता। कभी किसी नाम पर दोनों मुँह बिदोरतीं तो कभी किसी नाम पर खिलखिला देतीं। कभी किसी नाम पर लगता, बाप रे, ऐसे नाम भी रखे जाते थे! जब कोई इन नामों के बारे में बताता तो यह बताना नहीं भूलता कि इनके साथ कौन-सी कहानी जुड़ी है।

ऐसी ही एक कहानी थी सुनैना देई और दिलराजी देई की। दोनों चचेरी सास-बहू थीं। मुँह-अँधेरे औरतों को फारिग होने बाग में जाना होता था। सुनैना देई थोड़े कमजोर दिल की थीं। सुनैना देई उस दिन बाँस की कोठी तक गई थीं तो दूसरी तरफ दिलराजी देई भी मैदान गई थीं। दोनों ने एक दूसरे को चुड़ैल समझ लिया। चुड़ैल को भगाने के लिए दिलराजी देई ने 'हूँ-हूँ' करके, बाल बिखराकर ताकतवर चुड़ैल बनने का नाटक किया। सुनैना देई डर के मारे 'हूँ-हूँ' कर रही थीं और काँपने-झूमने लगी थीं। उसके बाद तो दोनों चुड़ैलों में पटका-पटकी होने लगी। तभी डॉक्टर बाबू बाग से गुजर रहे थे। उन्होंने टॉर्च जलाया और औरतों के मुँह पर रोशनी फेंकी। दोनों औरतें सन्न रह गईं। बहरहाल बीमार तो दोनों देई पड़ीं लेकिन सुनैना चल बसीं।

लड़कियों को इस किस्से में किसी असली चुड़ैल का खेल जरूर लगता था। क्योंकि बाँस की कोठी जस की तस थी। इसलिए वे बाग में जाने का काम अकेले कभी नहीं करती थीं। और बाद में घर से थोड़ी दूर बने शौचालय में एक बहन की बाहर खड़े होने की ड्यूटी भी लगाती थी।

एक सपना बहुत दिनों से लड़की का पीछा कर रहा था। लड़की को लगता था कि स्कूल से आते समय अचानक पूरा गाँव खाली हो गया है और एक बहुत बड़ा-सा चील आसमान से उड़ता हुआ आता है और शैलेश पर झपट्टा मारकर उसे ले जाता है। लड़की उसके पीछे भागती है। तेज-तेज दौड़ती लड़की हाँफने लगती है। तभी चील शैलेश को आसमान से छोड़ देती है और शैलेश एक बड़े-से पत्थर पर गिर जाता है। अचानक वहाँ बहुत सारी भीड़ जुट जाती है। लड़की को यह सपना इतना डरावना लगता था कि वह

दिन में भी हाँफने लगती थी। अकेले आँगन में आते ही काँपने लगती थी। वह भागकर शैलेश को देखती थी। धीरे-धीरे बात पूरे परिवार को पता लग गई। माँ ने तुरन्त बरमबाबा को घंटा चढ़वाया और कड़ाही यानी पूड़ी का प्रसाद बनवाया। लड़की को लगता था कि बरमबाबा के कुएँ में वह खुद को देकर आ गई है। बदले में उसने प्रार्थना की कि वह सपना उसे फिर न आए।

दोनों बड़ी लड़कियाँ उड़द की फली तोड़ रही थीं। बगल में वही शाश्वत गीत चल रहा था :

बहू घूरवा पे बाटइ, चकवड़ के सगवा हो ना
बहू घरवा में बाटइ काकून चउरा हो ना
अँगने में बैइठ बिरन ढूँढ़ै असूंयै हो ना
नौ मन पिसले भइआ
नौ मन कूटले अट्ठारह मन सीझलें रसोइयाँ हो ना
ऊहू में अन्तिम रोटिया मोर भोजना हो ना
ऊहू में कूकरू, बिलारिया हो ना
ऊहू में ननदी का कलेऊवा हो ना।

'सास बहू को कह रही है—घूर पर चकवड़ का साग है, वह भाई को और घर में रखा काकून चावल पति को दे दो। भाई बहन का दुख समझ रहा था। बहन पूरे घर का कूटना, पीसना, खाना बनाना करती थी। आखिरी रोटी में भी कुत्ता-बिल्ली सब हिस्सेदार थे और ननद का कलेवा भी रखना होता था।'

चाची और शान्ति, दोनों की आँखें गीली हो गई थीं। चकरी रोककर उन्होंने आँसू पोंछा। लड़कियाँ उन्हें देखने लगीं। उन्होंने लड़कियों को डाँटा, 'अपना काम करो। इहाँ कहाँ ध्यान लगाई हो? पढ़ना-लिखना है नहीं, बैठ के उरदी तोड़ना।'

लड़कियाँ पूरा तो नहीं, कुछ तो समझ रही थीं, लेकिन हद यह कि उड़द तोड़ने का काम भी माँ ने ही दिया था और पढ़ने का भी। उन्हें फट मौका मिला और उड़द की झाड़ पटक वहाँ से खिसक लीं।

शान्ति ने कभी अपने मायके कुछ नहीं लिखा। ऐसा नहीं था कि उसे लिखना नहीं आता था। यहाँ तक कि कितना लिखना है, कितना नहीं, यह भी आता था। इतना कुछ था लिखने के लिए लेकिन हमेशा इतना ही कि 'पिताजी, हम कुशलपूर्वक से हैं और ईश्वर से प्रार्थना करती हूँ कि आप सब भी कुशलपूर्वक से होंगे।' इसमें कोई खाली बिन्दियाँ भी नहीं होती थीं जिसे कोई अपनी मर्जी से भर ले। मजे की बात यह कि नानी के घर पर कोई इन बिन्दियों को समझनेवाला भी नहीं था।

शान्ति यानी लड़कियों की माँ और चाची किसके हिस्से का गाती हैं, किसको ये सब बताती हैं? उन्हें लगता था कि वे सबके हिस्से का गाती हैं। लड़कियाँ थोड़ा घबरा जाती थीं। वे अपनी किताबें निकालकर पढ़ने लगती हैं और पास से माँ और चाची वैसे ही गाती जाती हैं। गीत में वे भाई से कहती हैं कि ये दुख माँ के आगे न कहना, दुखी होंगी। भाभी, चाची के आगे न कहना, वे माँ को ताना मारेंगी :

ई दुख भइया माई के अगवा न कहिए हो ना
ई दुख भइया भौजी के अगवा न कहिए हो ना
भौजी मरिहैं तनवा हो ना
ई दुख भइया चाची के अगवा जिन कहिए हो ना
होत लड़यैया दुअरे मरिहैं तनवा हो ना...

'तुमने हिस्से-बाँट की बात क्यों की? तुमने हम लोगों को भी फँसा दिया। मेरे पास पैसा नहीं है तो मैंने कभी किसी से नहीं कहा। हमने कभी माँ से कुछ नहीं माँगा। सब लोग यही सोचेंगे कि इनके अँटता नहीं है इसलिए भाई की प्रापर्टी पर नजर गड़ाई है। यार, हम लोगों से क्या मतलब? माँ को सोचना चाहिए था। अभी से सबकुछ लड़के-बहू के नाम नहीं करना चाहिए, आगे भविष्य का क्या पता! मुझे पता है कि तुमको पैसा नहीं चाहिए, तुम पैसे के लिए नहीं बोली हो। ये सही बात है कि जब तक माँ हैं तब तक तो हम उनके घर जाते, कम से कम ये तो नहीं लगता कि भाई-भाभी के घर जा रहे हैं, लेकिन कोई बात

नहीं, तुम पचड़े में मत पड़ो। मम्मी की तबियत खराब हो जाएगी। अब तो जो हो गया है, उसको बदला नहीं जा सकता।' तीसरे नम्बर की लड़की फोन पर बहुत ही घबराकर बोल रही थी।

वह जब भी गाँव जाती थी तो वह साल भर के गेहूँ को साफ कर देती, चावल पछोर देती, दाल दल देती। जैसे उसे उस घर से कहना होता था कि वह उसका हिस्सा है। उसको यह घर अब भी अपना समझे। कोना-अँतरा सबकुछ की सफाई करते हुए कान में यह बात आती थी। उसने हमेशा जाते समय माँ से कपड़े लेते हुए संकोच किया। उसे हमेशा लगा कि यह शर्मिन्दगी भरी कोई बात है। आखिर उसकी उम्र माँ के लिए कपड़े खरीदने की है।

कुछ ऐसी ही टेढ़ी-मेढ़ी-सी हो गई थी लड़कियाँ। उन्हें बहुत भरोसा था कि शैलेश भी कुछ ऐसा ही है।

'देखो, प्लीज, तुम मुझे आज के बाद कॉल मत करना। तुम्हारी वजह से आज जो बेइज्जती मुझे महसूस हो रही है, वैसी कभी नहीं हुई। मेरे हसबैंड क्या सोचेंगे कि इसकी बहनें प्रापर्टी के लिए बहस करती हैं। तुमको हिस्सा लेना है, जाओ, ले लो। तुम कुछ भी बोल सकती हो। हम बस चाहते हैं कि जब जाएँ तो मेरी और मेरी फैमली की इज्जत हो।'

'इज्जत माने क्या?'

'इज्जत माने ठीक खाना, ठीक विदाई। मुझे और किसी चीज से कोई मतलब नहीं। यार, प्लीज, तुम ये नाटक बन्द करो। तुम्हें क्या हो गया है? तुम प्रापर्टी के लिए मरी जा रही हो! तुम्हारी वजह से मेरी ससुराल में कितनी बदनामी होगी! भाई ने मुझे और मेरे पति को फोन किया था कि तुमने केस करने की धमकी दी है। आखिर तुम होती कौन हो? उसने घर बेचा, उसका पैसा चाहे जो करे।'

'लेकिन मम्मी?'

'मम्मी क्या? क्या वो बच्ची है? जो भी हो, यह उनका फैमली मैटर है।'

सबसे छोटी लड़की जो रात के तीन बजे, चार बजे अपनी दिक्कतों को लेकर फोन करती थी, आज उस पर चीख रही थी।

तो क्या अब तक वह जो उसे समझदार समझती थी, वह दिखावा था या

सिर्फ स्वार्थ या फिर वह खुद इस घर-जंजाल से दूर अपनी दुनिया में खुश रहना चाहती है?

लड़की और उसकी माँ एक दूसरे में घुली-मिली थीं। एक भरोसा हमेशा बना रहा। माँ कोई बात नहीं छुपाती थी। माँ को भरोसा था कि लड़की कभी ताना नहीं मारेगी। वह दिल खोलकर सबकुछ कहती थी :

'पिताजी पहली बार अम्मा को लेकर घर आए थे। उससे पहले तुम लोगों ने नानी को कभी अपने घर में नहीं देखा होगा। पिताजी को तो उतनी खराब धोती पहने कभी मैंने देखा नहीं था। बक्से में एक सफेद धोती थी, वो निकालकर नहाने के लिए दी मैंने। मेरी जान अटकी हुई थी—हे भगवान, लाज रख लो। कहीं तुम्हारे पापा कुछ बोलें न। पिताजी का खेत-क्यारी सब चचेरे भाइयों ने धोखे से लिखा लिया था। पिताजी को जब होश आया तब तक कुछ नहीं बचा। वह खुद पाँच बेटियों के बाप थे। तुम्हारी बड़ी मौसी तो इतनी सीधी हैं कि वो कुछ बोलतीं ही नहीं। दूसरी जिज्जी नाराज हैं, तीसरी मैं हूँ। अपने बारे में क्या बताऊँ और तुम्हारी चौथी मौसी बस माता-पिता के हालात से दुखी होकर बीमार ही चल रही थी और पाँचवीं किसी तरह से खुद को सँभाल रही थी। उसका पति दिन-रात गाली देता रहता था।

'जिस सम्पत्ति के बलबूते पर वह इतने साल माता-पिता के यहाँ रह रही थी, जिस सम्पत्ति के मिलने की आस उसका पति लगाए बैठा था, अब वह नहीं बची थी। पिताजी और अम्मा आए थे कि क्या किया जा सकता है। पिताजी मुकदमा करने की सोच रहे थे। किसके दम पर होगा मुकदमा? लोग क्या कहेंगे? मेरी अम्मा बहुत परेशान थी। मैं तो बस यह चाहती थी कि पिताजी और माँ खुशी-खुशी रहें लेकिन मजबूर थी। कुछ कह-सुन नहीं पाई। पिताजी और अम्मा से यह भी नहीं कह सकी कि कुछ दिन रुक जाओ। थोड़ी तबियत ठीक हो जाए तब चले जाना। हम तो अपनी मर्जी से किसी को चाय तक नहीं पिला सकते। जो पर्दा है, वो पड़ा रहे। पिताजी और अम्मा चले गए। अब दुनिया से ही चले गए।'

माँ हिचकी लेकर रो रही थी। नाना-नानी की मृत्यु को बरसों बीत चुके थे। माँ अब भी यह किस्सा सुनाते हुए उतना ही रोती थी।

'तुम हों कौन, जल्दी बताओ?' शैलेश हाँफे जा रहा था। उसको यकीन नहीं हो रहा था कि उसकी बहन उससे प्रापर्टी का हिसाब-किताब पूछेगी। वह उस घर का शैलेश था। लाल कपड़ेवाला, लाल रंग की टोपी लगाए, दुलारा शैलेश। आखिर वह किसी से भी ज्यादा अपनी बहनों को भाव देता था लेकिन उसी का नतीजा है कि आज इतनी बड़ी बात हो गई।

आज तक इस तरह की बात उस परिवार में किसी ने नहीं की थी। उसकी भाषा, उसकी गुर्राहट बहुत डरावनी थी। वह कहना चाहती थी—वह लड़की, जिसको कभी तुम अपनी जिम्मेदार बड़ी बहन मानते थे, जिसको घर का हर सदस्य हर दुख-तकलीफ में सबसे पहले याद करता था। वह—जो तुम्हें साइकिल पर बिठाकर स्कूल ले जाती थी। वह—जो पिता के न रहने पर अपने आँसू पोंछकर घर की छत बन गई थी। लेकिन वह बोल नहीं सकी। वह कुछ का कुछ बोल रही थी।

रेशम का कोया नहीं था शैलेश। बोलते-बोलते लगा कि लड़की ने बहुत कुछ उलझा दिया है—'कितनी गिरहें, गाँठें, जो अब कसती हुई, बढ़ती हुई-सी उसके आगे आ गई थीं। भाषा अपने आदिम रूप में सामने आ गई थी।

'बोल, आज तक तूने कितना पैसा खर्च किया है? बोल, जल्दी बोल, मैं चेक भेजता हूँ। दिख मत जाना तू। माँ तुझे धक्के देकर निकाल देगी।'

टहनी भी तोड़कर लगा दे तो पेड़ लग जाय

बहे पुरवैया राज कूकै कोयलिया, कहो कैसे के मिलना होइबै करी।

मीना बुआ हर तरह से शऊरदार थीं। घर-गाँव का कोई आदमी ऐसा नहीं था जो उनकी तारीफ न करता हो। हाथ में जैसे उनके कोई वरदान हो! अगर वह

एक टहनी भी तोड़कर लगा दें तो पौधा लग जाता था। वैसे उनको पेड़-पौधों का शौक भी खूब था। घर के पीछे के सातों पेड़ उन्हीं के लगाए हैं। एक आम है, एक आँवला, सागौन, अमरूद, अनार, बेल और पत्तरसुट्टा अशोक—सब उन्हीं के लगाए हुए थे। वह धनिया-मिर्ची और हल्दी का भी पौधा लगाती थीं। उनका लगाया सूरन और अरबी अब तक चल रहा था।

आज वह घर आई थीं। घर में अरबी की सब्जी बनी थी। साल भर पहले बुआ ने अरबी लगाई थी। जब भी घर में अरबी का पत्ता तोड़ा जाता तो बुआ का नाम जरूर आता।

बुआ ससुराल से शायद लड़कर आई थीं। एक कोने में बैठी थीं। रोए जा रही थीं। दादा चिल्ला रहे थे। पापा बार-बार भीतर-बाहर आ-जा रहे थे। तीनों बड़ी लड़कियाँ ससकी एक तरफ छुपी-छुपी फिर रही थीं। चाची चुप करा रही थीं। माँ ने थोड़ी देर में अरबी की सब्जी और रोटी बुआ को थाली में पकड़ा दिया। इसी बीच दादा ने खींच कर थाली फेंक दी। रोटी और सब्जी दीवार से टकराकर छितरा गई। पापा ने माँ को एक भद्दी-सी गाली दी। माँ भागकर कमरे में चली गई।

अगले दिन बुआ वापस ससुराल भेज दी गईं। बादल बरस रहे थे। आँगन में कहीं-कहीं काई जम गई थी। चौथी बहन बाहर अमोला की पीपी बजा रही थी। माँ-चाची चावल छाँट रही थीं। माँ-चाची का गीत तो खत्म ही नहीं हो रहा था। शायद उनका रोना खत्म नहीं हो रहा था :

दूरि से आवेले ननदिया डेवढ़िया धइले ठाढ़ि बाटिन हो
भऊजी एक लोटा पनिया हमई देई देतू
पी के अपने घरे जाइत हो
इहवाँ त डोरिया टूटल बा
बल्टी हमार फूटल बा
इनार खहराइल बा
ईंटा भटाइल बा
ननदा फिरि जाहू घर के लवट जाहू

ननदा एक लोटा पनिया भइन नोहर
लवट अपने घरे जयतू हो...
दूरी से आवेला ननदिया ढयौढ़ी ठाढ़ि भइनी हो
भउजी एक टुक्का रोटिया हमई देई देतू
खाइके अपने घरे जइतीं हो
जऊआ हमार ओराइन गई
गोहूँ कहियाके बिकाइन गई
जाँत हमार ब टूटल
किल्ला ओकर ब टूटल
चली जाऊ ननदा, लवटि जाऊ हो
ननदा एक टुक्का रोटिया ब नोहर हो
लवटि घरे जइतियू हो...

तभी बड़ी लड़की छिटककर आँगन में गिर गई और जितनी चोट नहीं लगी थी, उससे कहीं ज्यादा हिचकी लेकर रोने लगी...।

जुड़हिया पीपल के तले जला दिल

पत्तों ने नन्हे-नन्हे हाथ फैलाए। पानी हाथ से सरक गया। कुछ पत्तों ने अँजुरियाँ बनाईं। अनगढ़ अँजुरियों में जल की कुछ बूँदें बची रहीं, शेष ढलक गईं। सामने बँधे कपड़े सुखानेवाले तार पर चमकीले मोतियों की लड़ी गुँथ गई—ऐसे मोती की लड़ी, जो रह-रहकर चूती जा रही थी। नाजुक गुड़हल के फूल जो दोपहर में सूरज के माथे का मुकुट बनकर तने रहते हैं, आज भीगकर कपड़े की तरह चू रहे हैं। पीले कनेर जमीन पर लोट-लोटकर गोता लगा रहे थे। नन्ही गिलहरी अमरूद के कोटरे में छुपकर बारिश देख रही थी। ऐसे में वह खड़ा था विशाल छत्रच्छाया लिए। जी हाँ, जुड़हिया पीपरवा—ठंडक देता पीपल का पेड़। पट-पट पटर-पटर, झर-झर का ऐसा शोर था पेड़ के नीचे कि मानो इसी के पत्तों में बादल उमड़-घुमड़ रहे हों और इन्हीं के किनारे बरस रहे हों!

बगल में खड़े जामुन के ठेले पर ढेरों काले-काले जामुन लदे हुए थे। उन सबके बीच में रखे देसी गुलाब के कुछ फूल। एक पल को लगा कि जामुन ने पर खोल लिया है और घूँ-घूँ की आवाज के साथ फूलों को चूमने लगे हैं। काले भौंरों का जोड़ा था जो बारिश में फूलों पर इतरा रहा था। सामने के घर के हाते में शमी का पेड़ भीग रहा था। रंग-बिरंगी कलगी—सफेद, गुलाबी और ऊपर गहरा नीला। चमकीले काले रंग पर बूँदें सरक-सरक जा रही थीं। हरे

रंग की पत्तियाँ ऐसी कसीदाकारी कर रही थीं कि क्या बताएँ। बारिश उनकी डिजाइन धोने पर आमादा थी। वह थी कि हर बूँद के साथ कुछ नया रच रही थी। शमी के फूलों की कलगी जमीन पर टप-टप गिर रही थी। जैसे वह भी सारी अशर्फियाँ आज लुटा देगा।

इन्हीं सबमें मुग्ध खड़ी थी शुभ्रा। वह इस बारिश में सब धो देना चाहती थी। यह स्मृति भी कि वह अभी मुश्किल से आधा घंटे पहले यहाँ आई है। उसको लेने कोई नहीं आया है। उसके पास घर के पते के नाम पर कुछ नाम हैं, जिसमें से नम्बर गायब हैं। उसे खुद पर कोफ्त हुई कि फोन क्यों नहीं ठीक से सँभाल सकी। वह भी स्विच ऑफ हो गया । पूरी तरह से पानी में तर-ब-तर वह ठीक से कुछ नहीं सोच पा रही थी।

'लेकिन खड़ी तो मैं जुड़हिया पीपल के नीचे हूँ। विनोद ने कहा था कि यहाँ पहुँच गई तो समझो, मेरे घर पहुँच गई। जानती हो, पहले यह पूरा इलाका गंगा का कछार था। ऊँची-नीची जमीन पर पीपल के कई विशाल पेड़ थे...। उफ, मेरे साथ यह क्यों होता है? जब-जब ज्यादा ठीक से विचार करना हो, दिमाग की बैटरी गीली हो जाती है। फिलहाल विनोद ने इस पूरे इलाके के बारे में क्या बताया था, यह छोड़कर यह सोचने की जरूरत है कि उसके घर कैसे जाऊँ?'

शुभ्रा का जी किया कि खुद को दो थप्पड़ लगाए कि इतना रूमानी होना ठीक नहीं। ठीक से सोचने का वक्त है।

बारिश थम गई थी। बारिश के थमते ही लोग ही तितर-बितर नहीं हुए, शुभ्रा का साहस भी हिलने लगा।

'बैठिए, छोड़ देता हूँ।' रिक्शेवाले ने करीब आकर कहा।

शुभ्रा को खटका लगा कि यह क्या बात करने का तरीका हुआ? बदतमीज कहीं के! वैसे रिक्शेवाले ने ट्रेन में समोसेवाले की तरह दोअर्थी तरीके से नहीं पूछा था।

ट्रेन में उसको जरा-सी झपकी लगी तो समोसेवाला एकदम से नजदीक आकर बोला, 'का हो, समोसवा लेबू?'

घटिया आदमी। ट्रेन की घटना याद करके शुभ्रा का गुस्सा एकदम से चढ़ गया। उसने तुनककर कहा, 'तुमसे कहा कि कहीं जाना है?'

'नहीं मैडम, हम सोचे कि बारिश की वजह से आप रुकी हैं। हम तो सवारी जानकर पूछे हैं।'

शुभ्रा को फिर थोड़ा-सा अपराधबोध हुआ कि उसको इस तरह बात नहीं करनी चाहिए।

'भाभी जी, सवर्णों के यहाँ लड़कियों को बहुत ससकाकर रखते हैं। आप लोगों के यहाँ तो बहुत पर्दा करना पड़ता है।' एक लड़की कुछ बोल रही थी।

शुभ्रा को समझ नहीं आ रहा था कि किससे क्या बात करे। सारी बहुएँ वैसी ही थीं, जैसे उसके घर की थीं। सिर पर पल्ला लिये। वैसे ही गहरे गले के ब्लाउज, उस पर लटकी डोरियाँ और ढेर सारी चूड़ियाँ। कुछ नई बहुओं ने सिन्दूर बीच माँग में लगाया है और कुछ ने लिपस्टिक वाला सिन्दूर और बुजुर्ग औरतें वैसे ही बच्चों के लिए आशीष देती हैं।

'हूँ-हाँ' करके वह चुप हो गई। किसको क्या कहे, यह सोचकर वह चुप हो गई।

कई बार तो वह जवाब नहीं देती थी क्योंकि बात का मतलब कुछ और न निकाल लिया जाए। पूरे घर में शादी की धूम थी। शुभ्रा और विनोद की शादी तो छह महीने पहले कोर्ट में हो चुकी थी। नाराजगी के चलते दोनों परिवारों में से कोई शामिल नहीं हुआ। वह विनोद के घर यानी अपनी ससुराल पहली बार आई थी। शुभ्रा को आना विनोद के साथ था लेकिन शुभ्रा को छुट्टी नहीं मिली थी। उसे लगा कि विनोद उसे चलने के लिए मनुहार करेगा और फिर वह जबरदस्ती छुट्टी करके चली चलेगी लेकिन ऐसा कुछ नहीं हुआ।

दरअसल शादी के बाद से विनोद के घरवाले विनोद से नाराज थे। वह घर का पढ़ा-लिखा लड़का था। उससे उन्हें ढेरों उम्मीदें थीं। उसके लिए कई रिश्ते

आ रहे थे, जिससे उन्हें ज्यादा बड़े घर में रिश्तेदारी करने का मौका मिलता और पैसा भी, लेकिन विनोद ने शुभ्रा से शादी करके सबकी उम्मीदें तोड़ दीं। विनोद की माँ तो इस शादी को बिलकुल भी पसन्द नहीं कर सकी।

भाई, सबके अरमान होते हैं। शुभ्रा चाहती तो विनोद को मना कर सकती थी लेकिन आजकल लड़कियाँ बहुत तेज हैं। अम्मा के भीतर नाराजगी गहरे बैठी थी जिसे वह एक-आध दफा कहने से भी नहीं चूकीं। शुभ्रा के घर से कोई दावत-इज्जत तो मिलनी दूर, खुद शुभ्रा के लिए उसके घर के लोग पराये हो गए। सच तो यह था कि खुद उसके घर से ऐसी बातें उसे सुनने को मिली थीं जिनको वह किसी के आगे दुहरा भी नहीं सकती थी। उसे लगा कि विनोद को बताएगी तो उसे दुख होगा। फिर जब कभी सब ठीक होगा, तब ये बातें टीसेंगी।

इसके पहले वह विनोद की भाभी और उनकी बहन से मिल चुकी थी। बड़ी भाभी के प्रति शुभ्रा के मन में एक अलग तरह का आदर था। बड़ी भाभी ने जब पहली बार उससे मुलाकात की तो ऐसे बात की, जैसे वह उनकी कोई अपनी करीबी हो! शुभ्रा को यह बिलकुल नई बात लगी थी। उसे अपने घर की आदत थी कि दूसरों के सामने, खासकर मेहमानों के सामने, कभी भी घर की बात नहीं बताओ। भाभी तो पूरी बातूनी थीं। उन्होंने अपनी शादी से लेकर विनोद के घर के हर सदस्य के बारे में बताया। इतना ही नहीं, उन्होंने अपने मायके के बारे में भी खूब बताया। भाभी के पापा की उनके बचपन में ही मौत हो गई थी। उनकी माँ का दूसरा विवाह उनके चाचा से हो गया।

'वैसे विवाह क्या था—बस, समझो कि माँ का खयाल चाचा के अलावा रखनेवाला और कोई नहीं था। चाचा से तीन और बहनें हुईं। समय का खेल कहो कि माँ बीमार पड़ गई। मेरे ऊपर छोटी बहनों की जिम्मेदारी आ गई।

'जानती हो, शहर में तीसरी मंजिल पर हमारा घर था। नीचे के हिस्से बहुत पहले से दूसरों के हिस्से में थे। माँ की मौत हो गई, और चाचा पीने-खाने लगे। फिर चाचा को भी टीबी हो गई। नीचे उनकी एक साइकिल ठीक करने की दुकान थी, वह भी बिक गई। चाचा नहीं रहे। बच गई मैं और मेरी

तीन बहनें। दो की शादी कर दी है, अब रूपा बच गई है। जानती हो, पहले तुम्हारे भैया के पापा हमको बड़ी गाली देते थे—साली दहेज में बहन लेकर आई है।'

भाभी यह सब बातें भी शुभ्रा को हँसकर बताती हैं। शुभ्रा को लगा कि रूपा को खराब लग रहा होगा कि दूसरी जाति-बिरादरी की लड़की के सामने घर की बात बता रही हैं लेकिन रूपा ने भी उसे अपना मान लिया था। जातियों के अन्तर से परिवार की बनावट में कितना अन्तर था! शुभ्रा ने घर की घर में ही रखने की बात अब तक सुनती आई थी। ऐसी कौन-सी बात नहीं होती थी घर में लेकिन मजाल कि बाहरवाले को पता चल जाए! कप से लेकर चावल और बात तक—हर चीज घर और बाहर के लिए पद और प्रतिष्ठा के हिसाब से उसके घर में बँटी थी।

उसके दिमाग में एक घटना घूमने लगी कि कैसे एक सहेली के सामने उसने परदारा की चरित्रहीनता का किस्सा बताना शुरू किया था। लेकिन माँ को बहुत बुरा लगा। उसके जाने के बाद माँ ने कहा कि 'तुम्हारी तरह लोग अपने घर की बात दूसरों के सामने नहीं कहते।'

शुभ्रा को गुस्सा आ गया। उसने कहा, 'मेरा जी कर रहा था कि बता दूँ कि तुम्हारे ससुर यानी मेरे दादा ने तो बाँस की सीढ़ी खींच ली थी और तुम नीचे गिर गई थीं। अब यह न कहलाओ कि क्यों खींच ली थी। कुछ याद आया, यह तुम मेरे सामने चाची को बता रही थीं?'

अब तो माँ का पारा सातवें आसमान पर पहुँच गया।

'बदतमीज हो तुम। तुम्हीं को याद रहती है ये सब बकवास।'

शुभ्रा को लगता था कि सवर्ण परिवार बातें छुपाते हैं जबकि दूसरी जातियों में बहुत हद तक खुलापन है। धीरे-धीरे उसने ज्यादातर चीजों को ऐसे ही तुलनात्मक दृष्टि से देखना शुरू कर दिया था—'उनके यहाँ यह है, हमारे यहाँ वह। उनके यहाँ यह होता है, हमारे यहाँ वह होता है।'

कई मुहावरे ऐसे थे जो बहुत ही अपमानजनक थे। शुभ्रा उनको जानती थी। उनको दुहराना भी नहीं चाहती थी लेकिन पहली बार उसने ब्राह्मणों के

लिए एक मुहावरा सुना : 'घी देत बाभन नरियाय'। उसकी हँसी छूट गई।

ससुराल का माहौल एकदम अलग तरह का था। छोटी भाभी की माँ आई थीं। शादी में सबके मायके की औरतें आई थीं। शुभ्रा के लिए यह बिलकुल नई बात थी। क्योंकि उसने अपने घर में नई लड़कियों को तो लड़की की ससुराल में आते देखा था लेकिन लड़की की ताई-बुआ-माँ सब आएँ और नाचें-गाएँ, यह बिलकुल उसके लिए नया था। लड़के की शादी में तो फिर भी अब लोग बारात में आ जाते हैं लेकिन लड़की की शादी में इतने लोग आएँ, वह भी मायके से, यह बिलकुल नया था।

शुभ्रा को कुछ याद आ रहा था। वह दसवीं में पढ़ती थी। चचेरे भाई की जिद थी कि उसकी बारात में घर की बहुएँ और लड़कियाँ जाएँगी। बस, क्या था! बारात में जाने का ऐसा जोश था कि बीस दिन पहले से ही चप्पल से लेकर क्लिप तक मैचिंग ली गई। इंजीनियर भाई यह बात सरप्राइज रखना चाहता था। भाभी के साथ गाँव की दो और बहुएँ तैयार हो गईं। लड़कियों में शुभ्रा के अलावा और तीन जवान लड़कियाँ थीं। रास्ते भर गाने बजते रहे। बस चलती तो लड़कियाँ गाड़ी में ही नाचने लगतीं। बारात लड़की के दरवाजे पहुँची।

बैंडवाले ने बाजा बजाना शुरू किया, लड़कियाँ दूल्हे के साथ खूब नाचीं। दूल्हे पर चावल-दही का छाप फेंका गया लेकिन लड़कियों पर नोटों की बौछार होने लगी। थोड़ी देर में बैंड रुकवा दिया गया। भाभी और सारी लड़कियाँ हाँफ रही थीं। तभी उनकी सारी खुशी काफूर हो गई। लड़की के पिता हाथ जोड़कर चाचा और पापा से कह रहे थे, 'आप इन लोगों को वापस भिजवा दीजिए। हम इनको नहीं सँभाल पाएँगे। गाँव के बदमाश लड़कों ने उड़ा दिया है कि बनारस से नाच आया है।' उनके आँसू टपक रहे थे।

चाचा का लड़का भड़क गया, 'बारात वापस जाएगी।'

बात भाभी ने सँभाली, 'हम लोगों का जो अपमान हुआ सो हुआ, कुछ दिन बाद भूल जाएँगे लेकिन तुम्हारे ऐसा करने से लड़की का जीवन खराब हो जाएगा। उसे दुनिया कभी भूलने नहीं देगी। हम नहीं चाहते कि एक औरत

की वजह से एक औरत का जीवन बर्बाद हो। जब समाज ही ऐसा है तो क्या कहा जाए।'

शुभ्रा को आज तक वह रास्ते का रोना याद है। कैसे वे तमाम खाने-पीने से लदे शामियाने से बिना पानी पिए रोती हुई लौटी थीं! कितने दिनों तक इस किस्से ने उन्हें हँसी का पात्र बनाए रखा।

यहाँ तो कितनी औरतें हैं। वह भी दूर दराज की। न कोई संकोच, न कोई नखरा। रसोई में जिस तरह से वे खुद ही खाना निकाल ले रही थीं, वह शुभ्रा को किसी अजूबे से कम नहीं लग रहा था।

बड़ी भाभी हँसकर कहती हैं, 'जानती हो, हम तो बगलवाली पंडिताइन को कहे कि भाई, हमारे घर भी पंडिताइन आई है।'

शुभ्रा भाभी की निश्छलता पर निछावर रहती थी। विनोद की माँ से अभी मुलाकात नहीं हुई थी। इस शादी में पहली बार सबसे मुलाकात थी। शुभ्रा सब कुछ समझने की कोशिश कर रही थी। उसकी निगाह बार-बार रूपा को ढूँढ़ रही थी। रूपा के प्रति शुभ्रा के मन में अलग लगाव था। वह इस घर में अजनबी थी और रूपा यहाँ रहती थी।

'भाभी, रूपा कहाँ है?' उसके पूछते ही आसपास की सारी औरतें चौंक गईं।

'अरे, उसकी शादी हो गई। बताए तो थे फोन पर।'

'हाँ, भाभी, मुझे याद है, लेकिन कल शादी है। वह कब आएगी?'

भाभी ने कुछ जवाब नहीं दिया। कुछ बहाना बनाकर दूसरे कमरे में चली गईं। तब तक विनोद की मामी ने उसको पकड़ लिया और एक कोने में ले जाकर राज की बात बतानी शुरू की, 'लग रहा है कि तुमको किसी ने यह नहीं बताया कि रूपा ने कुजात में शादी कर ली है? बहुत नाक कटाई है।'

शुभ्रा को कुछ समझ में नहीं आ रहा था। उसका दिल तेजी से धड़क रहा था। वह भाभी के पास गई। उनसे पूछा, 'रूपा को क्या हुआ?

'क्या यह बताते तुमसे कि रूपा ने नीचे कास्ट में शादी कर ली है? हमारे बच्चे की शादी तो है नहीं कि सबसे लड़कर बुला लेते। खराब तो हमको भी

बहुत लग रहा है।'

भाभी की आँख भर आई, 'अपनी लड़की की तरह पाले थे। वो तो इसी घर में रही है लेकिन उसको बुला नहीं सकते। अगर वो आई तो कोई खाए-पिएगा नहीं।'

बाहर से भाभी के नाम का बुलावा आ रहा था। भाभी की थोड़ी देर में गाने की आवाज आने लगी। शुभ्रा का जी खराब हो गया। उसे लगा कि वह रूपा ही है, जिसका जिक्र आते ही ऐसे ही खुसर-पुसर शुरू हो जाती होगी। वह विनोद से इस बारे में बात करना चाहती थी।

'विनोद, तुम जानते हो, रूपा को नहीं बुलाया गया?'

'हूँ।'

'तुम जानते हो?'

'हूँ।'

विनोद को पता है और वह इतना सहज है? शुभ्रा पूरी रात जागती रही।

बारिश जोरों से हो रही थी। शादी के अगले दिन शुभ्रा को वापस जाना था। शुभ्रा ने बहाना बनाया कि जाना जरूरी है क्योंकि आज उसकी मीटिंग है।

बड़ी भाभी कह रही थीं, 'रुक जाओ, अभी तो तुमसे कोई ठीक से मिला भी नहीं है।'

शुभ्रा ने फिर जल्दी ही आने का वादा किया।

भाभी ने कहा, 'तुम बिलकुल मेरी रूपा की तरह हो। खुद को देवरानी नहीं समझना। धीरे-धीरे सबलोग तुम्हें समझने लगेंगे।'

दोपहर की ट्रेन थी, ऑटोवाले को बुलवा लिया गया। विनोद उसे स्टेशन तक छोड़ने के लिए आया था। उसे वह फिर से कुछ जगहें दिखाने लगा :

'जानती हो, पहले यहाँ बहुत पेड़ थे। बड़े-बड़े पीपल के पेड़। गंगा के कछार में काम करने के बाद लोग यहाँ आकर जुड़ाते थे।'

आज शुभ्रा को लगा कि औरत और मर्द की अपनी जलन है। जाति और

जाति के भीतर जाति की अपनी जलन है और उसके लिए ठंडक का पेड़ कब लगा, कब कटा, पता नहीं। शुभ्रा को सिर्फ यहाँ मकान ही मकान दिखाई दे रहे थे—बिलकुल वैसे मकान, जैसे उसके अपने मुहल्ले के थे।

बीच में रह-रहकर भाभी की आवाज भी कौंध जा रही थी, 'तुम बिलकुल मेरी रूपा हो।' वह बस यह कोशिश कर रही थी कि किसी सरल निश्छल-से अर्थ से इसका साम्य बिठा ले।

अकेले ही

गर्मियों के दिन थे। सूरज के ताप से माथा ठनक-सा गया था, लेकिन साथ रह रही अन्तुल का दिमाग तो बहुत दिनों से भभक रहा था। अतीत की न जाने कौन-सी गुत्थी का सिरा मध्यप्रदेश या कहें कि रायपुर के आसपास के गाँवों में जाकर उलझ गया था कि उसके अलावा वह और कोई बात ही नहीं करती थी। हर समय बस यही सोचती रहती थी, 'मुझे जाना है। मैं वहाँ जाकर देखना चाहती हूँ। पापा से सीधे बात करना चाहती हूँ।' आखिर एक दिन उसने एकदम से घोषणा कर दी, 'मैं अगले हफ्ते मध्यप्रदेश जा रही हूँ।'

प्रतिमा, अन्तुल और मैं—हम तीनों एक साथ रहते थे। हमारी एक साझा चीज थी, वह था—हमारा कमरा। इसके अलावा न तो हमारा क्षेत्र, न हमारा धर्म, न ही अतीत—कुछ भी साझा नहीं था। बस, हममें एक ही मिलती-सी चीज थी, वह था हमारा मिजाज। यही हमारे एक कमरे में रहने की कहानी थी। हम एक कमरे में कैसे रहने लगे, वह कहानी यहाँ नहीं बतानी है।

'मैं भी तुम्हारे साथ चलूँगी।' मैंने एक झटके में कहा।

मेरा भी दिमाग बहुत दिनों से ज्यादा चलने की वजह से चौकोर हो चुका था। इस तरह से हमने मध्य प्रदेश जाना तय किया। हम तीनों में बस वह तीसरी ही थी, जिसका दिमाग सही-सलामत था। वैसे अगर मैं उसके दिमाग से जुड़ी कुछ घटनाएँ बताऊँ तो आपको उसके दिमाग के हर पुर्जे पर सन्देह होने लगेगा।

चलो, एक घटना बताती हूँ। दिवाली के दिन उसकी वर्किंग थी। शाम को ट्रेन से दूसरे शहर से वापस आ रही थी। उसके दिल में अचानक खयाल आया कि सब अपने घर जा रहे हैं लेकिन ड्राइवर को तो रेल लेकर दूसरे स्टेशन तक जाना है। फिर मैडम भागकर इंजन तक गई और ड्राइवर का शुक्रिया अदा किया और साथ ही ड्राइवर को प्यार से चूम लिया। ड्राइवर हक्का-बक्का रह गया। ड्राइवर को आप तक ऐसा इन्सेंटिव नहीं मिला होगा। बाकी फिर कभी, बताऊँगी। मुझे उम्मीद नहीं है कि आप पचा पाएँगे।

हम तीनों में वही थी जिसके लिए चूम लेना प्यार करने का मीठा तरीका बचा था। बाकी हम दोनों के पास चूमने का साहस तो बहुत था लेकिन चूमने का खयाल आते ही कुछ गीली लार जैसी चीज का खयाल आ जाता। हम दोनों ने कभी भी इस पर सीधे बात नहीं की, लेकिन हम दोनों के पास पहले चुम्बन के नाम पर लिसलिसी स्मृतियाँ थीं।

मैं और अन्तुल यात्रा की योजना बना रहे थे। योजना में सबसे बड़ी बाधा थी—मुद्रा। हाथ में बहुत थोड़े पैसे थे। इतने पैसों में अगर हम लोग बुकिंग कराते, रिजर्वेशन के चक्कर में पड़ते तो जा नहीं सकते थे। खैर, हमने तय किया कि हम बिना रिजर्वेशन के यात्रा करेंगे।

हो सकता है, आपको हमारी उम्र जानने की उत्सुकता हो! एक बात बता दूँ कि मेरी उम्र इस समय बाईस साल है और प्रतिमा की तेईस और अन्तुल की छब्बीस-सत्ताईस के आसपास की है। बाकी उम्र का हमारे दिखने से कोई सीधा सम्बन्ध नहीं। सबसे बड़ी सबसे छोटी दिखती है और सबसे छोटी सबसे बड़ी।

अन्तुल के पास आकर उम्र ठहर गई थी। जैसे जब वह पच्चीस की हुई तो बीसवाँ साल भी उसके पास आ बैठा था। एक तरफ उम्र जहाँ ठहर-सी गई थी वहीं दूसरी ओर जिन्दगी भी आगे नहीं बढ़ पा रही थी।

पिछले पाँच साल से अन्तुल रिर्सच स्कॉलर थी। दिन-रात बैठकर लिखती थी फिर अचानक से सारे पन्ने फाड़ देती थी।

'यार, फाड़ती क्यों हो? हो सकता है, काम आए!'

अन्तुल खीजकर कहती थी, 'कुछ काम नहीं आता, और कुछ नया भी नहीं लिखा जाता।'

रही बात मेरी, तो मैं चीज़ों को ज्यादा ही तह करके रखती थी। सूटकेस खोला नहीं कि तह किये कपड़े, आई-गई हर छुअन दिल-दिमाग पर तारी हो जाती थी। लेकिन अन्तुल कुछ दिनों से जिन्दगी में भी बहुत कुछ फाड़ डालना चाहती थी। मजे की बात यह भी कि फाड़ने के बाद वह सारे पन्ने कभी-कभी बटोरती थी, फिर पढ़ने की कोशिश करती थी कि क्या लिखा है। ठीक वैसे ही, जैसे तलाक का मुकदमा लड़ते समय वह बीच-बीच में सतेन्द्र को याद कर लिया करती थी।

हमारी तीसरी दोस्त प्रतिमा तो आँखें मीचती खड़ी होती, स्वप्न-सुन्दरी जैसी थी, जिसे अगला-पिछला कुछ भी याद नहीं रहता। ज्यादा बात करने पर बस पलकें झपकाती थी। और हम अपनी इस स्वप्न-सुन्दरी को देखकर खुश हो जाते थे। वह इस बीच हमारे साथ चलने की योजना बनाती-बिगाड़ती रही। खैर, अन्त में उसने साथ चलना तय किया और चलनेवाले दिन के पहले की शाम को दुखी मन से न जाने का कारण बताने लगी।

हम दोनों चाहते थे कि वह हमारे साथ जाए। दरअसल अन्तुल और मैं एक दूसरे को इतना जान गए थे कि पन्ने फाड़ने और जोड़ने के लिए थोड़ा अकेले छोड़ दें लेकिन यह एक ग्लू थी। हमने पन्ने को हाथ लगाया नहीं कि कोई चुटकुला सुनाने लगती है। हमने कोई बात नहीं कहकर उसका दिल बहलाया।

हम दोनों फिलासफर सहेलियाँ दिल्ली जानेवाली ट्रेन में जाकर बैठ गए। रास्ते में चना दाल लेकर हम जिन्दगी के नमकीन चटपटे और फीके पहलू पर विचार कर रहे थे। बीच में एक महिला की गाने की आवाज हम पर तारी हो गई, 'दुनिया में ऐसा कहाँ सबका नसीब है...' मुझे उसकी आवाज उसकी ओर खींच रही थी। मेरा जी किया कि पूछूँ, क्या सच में ऐसा ही होता है? उसकी आवाज में एक दर्द भरी रूह थी जो मुझसे बात कर रही थी।

'आपके पति नहीं हैं?' मैंने उसके दिल पर दस रुपए देकर मरहम लगाते हुए पूछा।

वह हँसी, 'दीदी, जरूरी नहीं कि आदमी जो दिख रहा है, वही हो। मेरा आदमी मुझे छोड़कर भाग गया।'

मुझे एक झटका-सा लगा। अन्तुल मुझे समझा रही थी। वैसे अपनी तकलीफ और आवाज और इन सबके साथ दो पैसे कमाना भी न भूलना जिन्दगी की सबसे बड़ी कला है।

गाड़ी दो स्टेशन आगे पहुँची ही थी कि हमने अपने नाम का एनाउंसमेंट होते हुए पाया। एनाउंसमेंट प्रतिमा की ओर से था कि वह 'सद्भावना' में बैठी है। हम अगले स्टेशन पर उतरकर उसे साथ ले लें।

इतने साल हो गए थे ट्रेन में यात्रा करते लेकिन अपने नाम का एनाउंसमेंट पहली बार सुना था। सारे लोग हमें देखने लगे। वाह, यात्रा से पहले ही सेलिब्रिट्री वाला अहसास होने लगा। हम दोनों अगले स्टेशन पर उतर गए कि 'सद्भावना' आनेवाली है, वह भी यहाँ रुकेगी।

ऐसा नहीं कि मोबाइल बाजार में नहीं था पर अभी भी अम्बानी बाबू का सपना अधूरा था। मोबाइल हमारे पास नहीं था, लेकिन हमारी तीसरी दोस्त के पास तो था। खैर, 'सद्भावना' आई और हम जल्दी से उसमें चढ़ गए और एनांउसमेंट के मुताबिक उस डिब्बे को ढूँढ़ने लगे लेकिन हमारी दोस्त का कोई पता नहीं था। वह हमें कहीं नहीं मिली। खैर, उसके पास मोबाइल था, हमने फोन किया तो पता चला कि हमारी दोस्त गाड़ी से उतरकर जिस ट्रेन में हम बैठे थे, उसमें जाकर बैठ चुकी थी। वह दिल्ली पहुँचनेवाली थी। गाली दे-देकर हम दूसरी ट्रेन से दिल्ली पहुँचे। स्टेशन पर सिर्फ एक पर्स थामे वह खड़ी थी। एक जोड़ा कपड़ा तक साथ नहीं लाई थी।

'अब बताओ, क्या पहनोगी?' मुझे थोड़ा गुस्सा आ रहा था।

'वादा करती हूँ, जो तुम उतारोगी, वही पहन लूँगी।'

उसके इतने मासूम जवाब पर हँसी आ गई। हम तीनों गले लगे। पता नहीं क्यों, बहुत खुश हो गए। अगला मोर्चा छत्तीसगढ़ एक्सप्रेस थी। ट्रेन आई। बेतहाशा भीड़ थी। भीड़ ने हमें भीतर ठेला।

ट्वाइलेट के पास खड़े-खड़े हम समझ गए थे कि इस डिब्बे में रहम

करने के लिए भी किसी के पास जगह नहीं है। सब कुछ एक जगह अटका था। बिलकुल उतना ही अटका था जितना ऊपर से देखने पर हमारी जिन्दगियाँ थीं। उतना ही फँसा हुआ, उतना ही लोगों से घिरा हुआ। फिर भी कोई किसी को रियायत देने के मूड में नहीं था।

हम अगले स्टेशन पर उतरकर स्लीपर बोगी में चढ़ गए। वैसे वह कहने को रिजर्वेशन डिब्बा था, पर पैर रखने की जगह भी नहीं थी।

मैं और अन्तुल सबसे पहले तीसरी दोस्त के लिए एक सीट अरेंज करने की कोशिश में जुट गए ताकि वह कुछ गड़बड़ न करे। प्रतिमा के ऊपर वाले बर्थ पर एक लड़का सो रहा था। वहाँ पैर की तरफ उसे बैठा दिया। वह भी थकान से धसक चुकी थी और हाल यह हो गया कि वह उसके पैर के पास ही सो गई। सो ही नहीं गई बल्कि इस कदर फैलकर सो गई कि लड़का घबराकर उठ गया। स्वप्न-सुन्दरी की नींद तब भी नहीं टूटी। मैं और मेरी दोस्त नीचे जमीन पर बैठे थे। यह बेफिक्री ही तो उसे बेइन्तहा खूबसूरत बनाती थी। मुझे तो ट्रेन में कभी नींद नहीं आती। मैं सपने में बुरी तरह खो जाती हूँ। कभी-कभी लगता है, कोई बहुत तेजी से करीब से गुजर गया है। अन्तुल अक्सर ट्रेन में भी मेरा हाथ पकड़े रहती।

कभी-कभी सोचती हूँ कि वह कैसे सँभालती होगी—एक तरफ मेरे जैसी सन्देही और दूसरी ओर उतनी ही मासूमा को! मेरा ध्यान तो उचटती नींद में भी प्रतिमा की ओर था कि कहीं कोई उसके साथ बदतमीजी न हो।

सुबह जब नींद टूटी तो प्रतिमा के पाँव के पास एक कागज का पुर्जा रखा मिला : 'आप बहुत सुन्दर और मासूम हैं।' रिजर्वेशन सीट पर सो रहे लड़के ने प्रतिमा के लिए नोट छोड़ा था। साथ ही उसने उसमें अपना फोन नम्बर भी डाला था। हम तीनों खूब हँसे।

जहाँ पहले जाना था, वहाँ हमारा एक ठिकाना था—गोटे गाँव। हम वहाँ पहुँचे। वहाँ अन्तुल के पिताजी नौकरी करते थे। पिता-पुत्री का खिंचा-खिंचा-सा उदास रिश्ता बैकग्राउंड म्यूजिक की तरह था। वैसे उसके पिता ने भरसक कोशिश की कि हमारी खातिरदारी में कोई कमी न हो। एक पूरा टोकरा शरीफा उन्होंने हमारे लिए हाजिर कर दिया। उसकी खुशबू से पूरा कमरा भर गया,

लेकिन वह खुशबू भी बहुत देर तक टिकी नहीं रही। हम तीनों ही सहज नहीं महसूस कर रहे थे।

अगले दिन हम पास की एक जगह घूमने गए, फिर भी उदासी के बादल नहीं छँट रहे थे। छँटते भी कैसे? अन्तुल के पिताजी ने हमारे साथ अपनी प्रेमिका को भी घूमने के लिए लगा दिया था। प्रेमिका हमसे छोटी उम्र की लड़की थी। वह खुद भी बहुत डरी-सहमी लग रही थी। हमें समझ नहीं आ रहा था कि उससे कैसे बात करें। उसका प्रेमी हमारी दोस्त का पिता था, वह भी इतनी बड़ी उम्र का। ऊपर से उस लड़की के चेहरे पर एक गहरी उदासी थी, जैसे किसी बोझ से दबी जा रही हो। जैसे वह तय नहीं कर पा रही हो कि कैसे अपनी उम्र से ज्यादा दिखकर सब कुछ आसान कर दे। इतनी असहजता और उदासी में हमें सूझ नहीं रहा था कि क्या करें।

खैर, हम एक ऊँची-सी पहाड़ी पर चढ़े। वहाँ थोड़ा-बहुत घूमे। बस, वापसी में एक मजेदार बात हुई। हमारी तीसरी दोस्त को अपने बालों को ट्रिम करवाना था तो एक नाई की गुमटी में जाकर बैठ गई। बेचारा नाई! 'भाई, खैर मनाओ' करते हुए बाल काटने लगा। उसकी कैंची काँपते हुए भी चल गई। उसने शायद ही इतनी खूबसूरत लड़की के बाल काटे होंगे।

अगली सुबह हमने वहाँ से जाना तयकर लिया। जाने के समय अन्तुल ने अपने पिता से कहा, 'लग रहा है कि आखिरी बार आपको गले लगा रही हूँ। अब विदा।'

हम जबलपुर स्टेशन पर थे। पहले तो हम पचास रुपए की घूस देकर सेकेंड क्लास वेटिंग रूम में कायदे से नहाए-धोए। फिर वहीं पर बंडा-बड़ा खाया। हमें यह डिश इतनी अच्छी लगी कि यात्रा के दौरान हमने इसे कहीं नहीं छोड़ा और इसके साथ मिली हुई हर बार की चटनी पर हम तुलनात्मक आख्यान भी प्रस्तुत करते रहे। वहीं किसी दुकान पर 'अशोका' फिल्म का वह गीत 'रात का नशा अभी आँख से गया नहीं' जबान पर चढ़ गया था। भला हो उस गीत का, नहीं तो अब तक 'दुनिया में कहाँ ऐसा सबका नसीब' ही दिमाग में बज रहा था।

संगमरमर के सफेद पहाड़ों के बीच बेहद गहराई लिये नर्मदा यूँ लग रही थी, जैसे नीले आसमान का कोई टुकड़ा धरती पर घूमने आया हो और वहीं रह गया हो! हम नाव में बैठ गए। कई और लोग भी थे। नाववाला एक खास गहराई वाली जगह पर कहने लगा कि यहाँ नर्मदा अस्सी फीट गहरी है।

उस नाव में एक नौजवान लड़का भी था। वह परेशान होकर कहने लगा कि 'यार, यहाँ नाव रोक के क्यों बता रहे हो गहराई? चलो, चलते रहो।' हम खूब हँसे क्योंकि नाव पर बैठते ही लड़के ने लड़कियाँ देखकर फेंकना शुरू कर दिया था। हम भी नाराज नहीं थे, क्योंकि कभी-कभी ये छोटी-छोटी फ्लर्टरी भी अच्छी लगती है। हम लोग बस हँस रहे थे, जैसे हम तीनों ने तय किया हो कि बस, एक-एक पल को पकड़कर देखना है। बाकी आगा-पीछा तो हमने पहले ही धुँधला कर दिया था।

हम तीनों में सिर्फ अन्तुल को तैरना आता था। मुझे पानी की सतह पर थोड़ी-थोड़ी देर फ्लोट करना यानी लेटना आता है और तीसरी को कुछ भी नहीं।

राजकपूर से लेकर नरगिस और न मालूम किस-किस फिल्म की शूटिंग की बातें नाववाला बताता रहा। नर्मदा की अतल गहराई और नीला विस्तार हमें एक ऐसा सुकून दे रहा था मानो वह कोई नीला बिछौना हो और आसमान नीली चादर। जी किया कि हम खामोशी से वहीं सो जाएँ।

'पता नहीं, हर खूबसूरत जगह पर ऐसे ही सो जाने का मन क्यों करता है!'

'हाँ, मालूम है, तुम तो इल्तुतमिश की कब्र में भी बगल में लेट जाना चाहती थीं।'

'हाँ, सोते हुए पर प्यार आता है। कई बार नींद आदमी को आदमी बना देती है। मैं किसी सोते हुए को मार नहीं सकती हूँ।'

अन्तुल ने मेरी ओर देखा, पल भर को हम ठिठक गए। हमने नर्मदा में अपनी उँगलियाँ फिराईं। उससे जिन्दगी और प्यार माँगा और छपाक-छपाक एक दूसरे के चेहरे पर बूँदें छिटका दीं।

बस, फिर क्या था, हम पानी में थोड़ी देर तक गायब हो गए। पानी की बूँदें आसमान की किरणों का हाथ थामे इन्द्रधनुष बन जा रही थीं। हम तीनों गुनगुना

रहे थे। हमने खुद को नम बादलों की सतरंगी लहरों के हवाले कर दिया था। खूब देर पानी में रहने के बाद हम आगे तक घूमने निकल गए।

कैमरे में कुल बत्तीस रील थी। एक-एक रील कीमती। हमने अपनी नायिका से एक तसवीर खींचने के लिए कहा। दृश्य था कि मैं अपनी दोस्त को दूर एक पहाड़ी दिखा रही हूँ। हमारी नायिका ने उस पहाड़ी की तसवीर खींच दी। पर यह ऐसा बैकग्राउंड था, जिसमें हम न भी हों तो भी बेइन्तहा खूबसूरत है।

हम यहाँ इसलिए आए थे कि अन्तुल को अपने पिता से कुछ कहना था, लेकिन सच तो यह था कि उसे किसी से कुछ नहीं कहना था। वह बस एक बहाना था। कहने-सुनने का रिश्ता तो कब के खत्म हो चुका था। तभी—जब अन्तुल ने अपना घर छोड़ दिया था। अब हमें अगला पड़ाव तय करना था। नर्मदा का उद्गम-स्थल देखना था।

हम अमरकंटक जाने के लिए पेंड्रा रोड स्टेशन पर पहुँचे। वहाँ से हमें अमरकंटक जाने के लिए ट्रेन पकड़नी थी। हमारी ट्रेन रात के ढाई बजे आने वाली थी। हम लोग स्टेशन पर जाकर समय बिताने के लिए स्टेशन मास्टर से वेंटिग रूम खुलवाया। अन्दर से दरवाजा बन्द किया और मेज आपस में टिकाई। उसके बाद क्या हुआ, क्या बताएँ हम! तीनों ने एक दूसरे की हथेलियाँ पकड़ीं और सो गए।

हमारी नींद तब टूटी, जब बाहर से कुंडी खड़काई जा रही थी। हमारी ट्रेन कब के जा चुकी थी। फिर हमने दूसरी ट्रेन पकड़ी और फिर जीप से पहुँच गए अमरकंटक।

हमने अमरकंटक में एक झरना ढूँढ़ निकाला और देर तक नहाते रहे। फिर बारी आई किराये पर होटल का कमरा लेने की। होटल क्या था, एक घर जैसी ही जगह थी। वैसे रुकने के मामले में हम सिर्फ चिटकनी ही कायदे से देखते थे। बाकी कुछ देखने की हमारी औकात नहीं थी। अगले दिन सुबह अष्टमी थी। प्रतिमा को एक बात का बहुत शौक था, माँग भर सिन्दूर लगाने का। उसने हमसे पूछा, 'अगर मैं भर माँग सिन्दूर लगा लूँ तो तुम्हें कोई दिक्कत तो नहीं?'

हमें कोई दिक्कत नहीं थी। 'आखिर हमारे नाम का तो नहीं लगा रही हो!' कहकर हम खूब हँसे।

जिन्दगी में ये रंग कैसे-कैसे आकर्षण पैदा करते हैं! मुझे तो सिर्फ शादी के बाद की रात का बिस्तर, जिस पर सिर्फ गुलाब की पंखुरियाँ बिखरी हों, पसन्द है। देसी गुलाब की पंखुरियाँ और मोंगरा और मोतिया की लड़ियाँ हों... फिर...मैंने सबसे पुरानी टी शर्ट पहनी हो, बगल में शिव कुमार बटालवी को नुसरत फतेह अली गा रहे हों!

फिर...

फिर...

कोई न हो, बस—चुपचाप सोना चाहती हूँ।

प्रतिमा हँसते हुए बोली, 'फिर वही नींद का खयाल! ये नींद क्यों बातों-बातों में आती है? याद है न उस लड़के का किस्सा, कैसे वो बस में तुम्हारे ऊपर चिल्लाया था?'

'हाँ, याद है।' फिर मुझे सचमुच वह किस्सा फिर से याद आ गया :

बहुत दूर तक जाना था मुझे। बस में बैठते ही नींद आ गई थी। जब मेरी आँख खुली तो देखा, मेरी बग़ल में एक लड़का बैठा था। उसे झपकी आ रही थी। वह बार-बार मेरे कन्धे के नजदीक आ-जा रहा था। उसकी बेखयाली से मुझे चिढ़ हुई। मैंने उससे कहा, 'प्लीज, कायदे से सोइए।'

लड़का भी गजब का गुस्सैल था। उसने मेरी ओर घूरकर देखा था। 'मैडम, अभी तक आप मेरे यहाँ,' वह अपने कन्धे की ओर इशारा करके बोला, 'आप यहाँ सिर रखकर सो रही थीं।'

मेरी नींद मेरे लिए दुआ की तरह थी, अन्तुल यह जानती थी। वह यह भी जानती थी कि यह नींद कितनी डरावनी है। कितनी रातों का रतजगा है इसमें।

अन्तुल ने गहरी साँस भरी। उसने पर्स से सिन्दूर निकाला और प्रतिमा के आगे कर दिया। अन्तुल शादीशुदा थी और पता नहीं, सिक्योरिटी के उसके क्या-क्या डिवाइस थे। शाखा पोला, मंगलसूत्र, सिन्दूर—सब कुछ था उसके पास और तलाक का मुकदमा लड़ रही थी।

प्रतिमा ने भर माँग सिन्दूर लगाया। हमें कन्या जीमणे का मौका मिला। होटल मालिक ने कहा कि आज वह हमें मुफ्त में भोजन कराएँगे। फिर कन्या के तौर पर अन्तुल बैठी क्योंकि उसने सिन्दूर नहीं लगाया था। मुझे भी सौभाग्य प्राप्त हुआ। प्रतिमा सामने बैठकर मुस्कुरा रही थी। हम लोग होटल मालिक को कुछ बता नहीं पाए। चुपचाप भोजन किया और दान के ग्यारह रुपए रख लिये।

अन्तुल रात में बोलती रही, 'हमारे देश में आदमी को स्वाँग चाहिए। कैसे मिलता है, इससे किसी को क्या मतलब! जोगिया पहन लो, बन गए साधु! क्या मजाल कोई करे सवाल!'

मैंने और प्रतिमा ने फट चादर तानी। समझ गए कि आज अन्तुल मूड में है।

खजुराहो : हमारी आवारगी!

हमने अगला पड़ाव चुना खजुराहो। हमने काफी कुछ सुन रखा था इसके बारे में। हमने झाँसी से बस पकड़ी। बस, पूछो मत कि बस की फर्श से सड़क कैसे झाँक रही थी, लेकिन उस बस में थे बड़े दिलदार लोग। एक महिला ने हमें मीठी पूड़ी खिलाई। रास्ते में पन्ना जिला पड़ा, लेकिन जब खजुराहो पहुँचे तो लगा कि विदेश में आ गए हैं।

खजुराहो हमारी यात्रा का अन्तिम पड़ाव था। हमारे पास पैसे बचे थे, जिसको खर्च किया जा सकता था। हमने एक ढंग का कमरा लिया और तैयार होकर खजुराहो भ्रमण पर निकले। गाइड की फीस इतनी थी कि बस पूछो मत। हमने एक तरीका अपनाया, जो भी विदेशी लोगों को समझाता, हम उसके पीछे हो लेते। अन्ततः एक गाइड समझ गया। वह हमें खजुराहो दिखाने को तैयार हो गया। यकीनन वह हमारे लिए नई दुनिया थी।

अब आप सोच रहे होंगे कि अब तो आप बताओ कि आप तीनों में क्या रिश्ता है? वह मैं बताऊँगी। हम तीन थे। पूरी तरह से तीन। हम तीनों गें एक रिश्ता था। उस रिश्ते का नाम क्या था, ढूँढ़कर बताऊँगी। हम साथ सोते थे। हम एक दूसरे का हाथ पकड़कर बात करते थे। हम बात-बात में गले भी लग

जाते थे। हम तीनों के पास तीन दुनिया थी। हम उसमें एक दूसरे को आने-जाने देते थे। पूरे सफर में हमसे एक सवाल हर किसी ने पूछा कि हम लोग अकेले हैं? वे जानना चाहते थे कि हमारे साथ कोई मर्द नहीं है? हो सकता है, आपको भी यह जानने का मन हो कि हम तीनों की जिन्दगी में क्या कोई मर्द नहीं है? हम हर किसी को हँसकर जवाब देते हैं। खुद को गिनकर कहते हैं, 'नहीं, हम तीन हैं। गिन लीजिए।' फिर हँस देते थे। रही बात मर्द की, फिलहाल तो नहीं या हाँ, पता नहीं...'

हम हर मूर्ति को बड़े ध्यान से देख रहे थे। जब दुनिया देख रही थी तो हमें भी डर नहीं लगा। सच बोल रहे हैं, हमने यह सबकुछ दिन की रोशनी में नहीं देखा था। वहीं पर गाइड ने एक्र मूर्ति की ओर हमारा ध्यान दिलाया। वहाँ पर तीनों मूर्तियाँ एक जैसी थीं। उसने पूछा, 'क्या आप लोग इसका अन्तर समझ पा रही हैं?'

हम उन मूर्तियों को ध्यान से देख रहे थे। तीनों मूर्तियाँ एक ही मुद्रा में लग रही थीं। अन्तुल ने तीनों मूर्तियों की व्याख्या की। गाइड घबरा गया। वह सोच रहा था कि वह हमें विस्तार से यौनिक मुद्राएँ समझाएगा। लेकिन यहाँ उल्टा हो गया।

अन्तुल ने कहा, 'तीसरी मूर्ति में स्त्री उठकर जाना चाहती है और पुरुष को नींद आ रही है।' अन्तुल उसके बाद चुप हो गई।

हम हैरान थे। रात हो गई थी।

ऊँट की सवारी भी हमने की। ऊँटवाले ने हमसे आगे की सेवा के बारे में भी पूछा। कहने लगा, 'आप लोग अकेले हैं। अगर कोई जरूरत हो तो हमें बताएँ। हम हर तरह की सेवा देते हैं।'

थोड़ी देर से हमें उसकी बात समझ में आई। हमने थोड़ा डाँटा तो वह माफी माँगने लगा।

अब बारी थी खाना खाने की। 'पूरी यात्रा हमने कंजूसी की थी। अब तो अच्छा खाना बनता है,' यह कहकर हम बड़े इटालियन रेस्तराँ में चले गए। फिर तो जो हुआ, वह गजब था। हमने मैन्यू हाथ में उठाया। उसमें खाने का

उतना दाम था जितना हमारी कुल यात्रा का बजट। हम पानी भी नहीं पी सकते थे। ऐसे में प्रतिमा का दिमाग काम आया। उसने मैन्यू का अध्ययन करके बड़े अजीब से सूप के बारे में पूछा। बैरे के 'ना' कहते ही हम बड़ी अदा से उठ गए। फिर हम किसी महँगे रेस्तराँ में न जाकर हम एक बंगाली ढाबे में गए जहाँ भोजन के अन्त में रसगुल्ला खाया और फिर पान।

रात होटल के कमरे में जाते हुए हम एक पल को रुक गए और एक दूसरे से पूछा, 'आप लोग अकेले आई हैं, कोई साथ नहीं है?' और फिर हम तीनों हँसने लगे।

पारिजात झर रहा था। उसके साथ झर रहा था अतीत का वह हिस्सा जिसका भार हम पर बहुत ज्यादा हो गया था। लेकिन अब हम खुद को हलका महसूस कर रहे थे। यूँ भी कोई घूमता है! यूँ भी कोई हँसता है!

देर रात तक हमारी हँसी से खजुराहो का चाँद भीगता रहा।

काला धन

बुआ का कमरा पुरानी चीजों का अजब संग्रहालय था। उन पुरानी चीजों में एक ब्लैक एंड व्हाइट कैमरा था। वह कैमरा दादा का था, जिसे बुआ बहुत सँभालकर रखती थीं। कैमरे के कवर के ठीक पीछेवाली जेब में बुआ पैसे रखती थीं।

सुधीर को तो यह भी नहीं पता कि वह चलता है या नहीं लेकिन सुधीर जब भी बुआ के पास आता तो वह कैमरा जरूर देखता। और यह भी देखता कि बुआ के पास कितने पैसे हैं।

दो भाइयों की इकलौती बहन यानी उसकी बुआ घर-गाँव के लिए बड़की गूँगी थीं। न वह सुन सकती थीं, न बोल। आवाजों की इस दुनिया में उनकी कोई आवाज नहीं थी।

उनका नाम क्या है, सुधीर को नहीं पता। स्कूल गईं नहीं, किसी ने नाम लेकर पुकारा नहीं, शादी का कार्ड छपा नहीं, कुल मिलाकर नाम की जरूरत नहीं पड़ी।

बुआ को इससे फर्क भी नहीं पड़ता था कि कोई उनको किस नाम से पुकारता है। कोई गूँगी कहे या गूँगा, उन्हें कोई फर्क नहीं पड़ता था। क्योंकि वह सिर्फ चेहरे का भाव पहचानती थीं। शब्दों की दुनिया उनके लिए बेमानी थी।

अब भले ही बुआ को इनसान की भाषा न समझ आती हो लेकिन उन्हें वह भाषा बखूबी समझ आती थी जिसके बिना सारे शब्द अधूरे थे यानी इशारों की

जुबान। आँखों की खुलती-बन्द होती पलकों की जुबान, भौंहों के बीच हलके से उभर जाती लकीर की जबान, होंठों के उठने-गिरने से लेकर दबने-भीगने की जुबान। वह सब कुछ समझ जाती थीं। यहाँ तक कि कौन उनकी बुराई कर रहा है या उनके चले जने के लिए सोच रहा है, उन्हें यह भी समझ में आ जाता था।

सुधीर जब छोटा था तो बुआ उसे लेकर घूमती रहती थीं। पूरे दिन काम करती रहती थीं लेकिन धीरे-धीरे बुआ की जगह बाकी लोगों ने ले ली। क्योंकि बुआ न तो बोलकर खिला पाती थीं, न ही बच्चों की जिद समझ पाती थीं। अब बुआ तीस की हो चली थीं लेकिन गूँगी-बहरी होने की वजह से उनकी शादी नहीं हुई थी।

एक तरह से बुआ ने ही सुधीर को जिलाया-खिलाया था। सुधीर के पैदा होते समय उसकी माँ की तबियत बहुत खराब हो गई थी। वह बच्चे को दूध भी नहीं पिला सकती थी। बुआ उसे दूध पिलाती थीं, मालिश करती थीं, साथ ही उसकी माँ की भी देखभाल करती थीं।

सुधीर के सात-आठ बरस होते-होते उसके पिता का पूरा परिवार शहर में बस गया। गाँव में दादी और बुआ रह गईं। कुछ साल बाद दादी नहीं रहीं और बच गईं बुआ।

छोटे चाचा को अपने बच्चों को पढ़ाना था। उन्होंने पहले ही बाजार में घर ले लिया था। गाँव में एक घर था जिसका खपरा और नरिया झर जाने पर सुधीर के पिताजी ने उसे उतरवाकर दो कमरे बनवा दिए थे। दादी और बुआ वहीं रहती थीं। बीच-बीच में कोई आता-जाता रहता था। उतना ही, जैसे सर्दियों में कभी-कभी बारिश होती थी।

सुधीर को गाँव जाना बहुत पसन्द था। गर्मी की छुट्टियों में वह अकसर गाँव जाया करता था। सुधीर का साझे का आम का बाग था लेकिन चार साल पहले पूरे कुनबे ने मिलकर चालीस पेड़ों का बाग बेच दिया। बदले में सबको कुछ हजार रुपए मिले, फिर सबने अपनी-अपनी जमीन बेच दी। जो कुछ बेच न सके, वे मुकदमेबाजी की पुरानी रवायत निभा रहे हैं।

गाँव में उसको इतना लाड़-प्यार मिलता था कि शहर आकर वह उदास

हो जाता था। बुआ रात में ही आम भिगा देती थीं और सुबह उसे खाने के लिए देती थीं। शहर आते समय बुआ टॉफी और बिस्किट का पैकेट थमा देती थीं।

माँ ने भी बुआ के लिए कुछ न कुछ लेकर जाती थी, लेकिन धीरे-धीरे आने-जाने का सिलसिला कम हो गया था। छोटे चाचा के यहाँ से फोन पर हाल-चाल ले लिया जाता था।

सुधीर के पास वक्त नहीं था। सीए की डिग्री अभी हाल में ही मिली थी। काम ही काम था। उस काम से वह बहुत खुश था। लेकिन अपना ऑफिस नहीं होने से वह सीनियर के साथ मिलकर काम कर रहा था, लेकिन उसको पूरा भरोसा था कि जल्दी ही उसका अपना ऑफिस होगा।

8 नवम्बर, 2016 का दिन उसके लिए किसी चमत्कार से कम नहीं था। देश में एकदम से नोटबन्दी की घोषणा हो गई थी। रातों-रात लोगों के पास रखे पाँच सौ, हजार के नोटों ने कह दिया कि वे धारक को कोई वचन नहीं देते। वचन पूरा करने के लिए उन्हें बैंक जाकर नोट बदलवाने की जरूरत है। गांधी जी का झाँकता चेहरा और गवर्नर की दस्तखत एकाएक बेगाने हो गए।

प्रधानमंत्री ने कहा कि इससे काले धन और भ्रष्टाचार पर रोक लगेगी। जैसे ही लोगों के गद्दों से काला धन निकलेगा, सरकार उसका सोर्स पता कर लेगी। इन रुपयों से देश का विकास होगा। बैंकों का डूबा रुपया वापस आ जाएगा।

न मालूम कैसी-कैसी बातें कही जा रही थीं कि लोगों का लाइन में लगना बॉर्डर पर खड़े होने जितना ही पुनीत लग रहा था। सुधीर खुद भी तीन दिन बाद एटीएम की लाइन में लगा।

पड़ोस की आंटी से पता चला कि उनके स्कूल के मालिक ने सबको तीन महीने की सेलरी एडवांस में दी है, साथ में हर एक को लाख रुपए बदलवाने के लिए। आंटी उसे ऐसे बता रही थीं, मानो वह सीए नहीं, कोई इनकम टैक्स-अफसर हों!

'कौन-सा काला धन पकड़ा जा रहा है! सब जगह हमारे जैसे मजबूर लोग दूसरे का काला धन सफेद कर रहे हैं।'

सुधीर पीछा छुड़ाते हुए बोला, 'हाँ, आंटी, थोड़ा-बहुत तो हो ही जाता है। हमारे देश में भ्रष्टाचार की आदत भी तो है लेकिन आपको पता नहीं, बड़े-बड़ों की हालत खराब है। देखिएगा, जल्द ही जो पैसा पकड़ा जाएगा, उसका फर्क दिखने लगेगा। आखिर यूँ ही नहीं सबके जीरो अकाउंट खुलवाए गए हैं।'

आंटी के पास कोई तर्क नहीं थे। वैसे भी जब देश का भला हो रहा था तो थोड़ी-बहुत व्यक्तिगत परेशानी कोई बड़ी बात नहीं है, लेकिन उनकी लड़की बहुत ही चिढ़ी हुई थी। माँ की तरह वह भी प्राइवेट नौकरी करती थी।

'अरे, पूरे देश को लाइन में लगाकर मार डालेंगे।'

ऑफिस के लिए लेट होती लड़की बुदबुदा ही रही थी कि सुधीर से रहा नहीं गया। उसने चिटकते हुए कहा, 'आखिर लोग समझते क्यों नहीं? अरबों रुपयों का काला धन पड़ा है। अरे सोचो, अगर यह पैसा पकड़ा गया तो कितना फायदा होगा? आप जानती हैं, भ्रष्टाचार से आम लोगों की हालत कितनी खराब है? देश में अगर कुछ अच्छा हो रहा है तो उसमें लाइन में लगने में क्या प्रॉब्लम है?'

'सर, क्या बेहतर होगा! क्या आपको नहीं पता कि आम लोग काला धन नहीं इकट्ठा करते? जो करते हैं, उनको सरकार क्यों नहीं लाइन में लगाती?'

सुधीर लड़की से उलझना नहीं चाहता था। उसने बस यह कहा कि 'देखिए, मैं खुद सीए हूँ। मैं चाहूँ तो बैंक में फोन करके मैनेजर से अपने लिए बीस हजार तुरन्त मँगवा सकता हूँ लेकिन फिर भी लाइन में लगकर मैं पैसा निकाल रहा हूँ।'

'जी, फिर तो आप महान हैं! उम्मीद करती हूँ कि इसके बाद बैंकों ने जो कारपोरेट को कर्ज दिया है, वह वापस आ जाएगा और लोगों के अकाउंट में जब्त कालाधन से पन्द्रह लाख रुपए भी आ जाएँगे!' लड़की ने मुँह फेरकर व्यंग्य में कहा।

अगले दिन की खबर थी कि लाइन में लगने की वजह से एक व्यक्ति

का हार्ट अटैक हो गया। यह खबर तीसरे पन्ने पर थी और पहले पन्ने पर चीन के धनाढ्य समूह अलीबाबा के पेटीएम ने प्रधानमंत्री जी का 'शुक्रिया' अदा किया था।

सुधीर को अखबार वालों पर कोफ्त हुई कि कोई पाजिटिव खबरें क्यों नहीं लगाता? जब लोगों के अकाउंट में पैसे आएँगे, तब देखना, लेकिन लोगों की आदत है सरकार के हर काम में कमी निकालना। निश्चय ही काला धन खत्म होगा, डिजिटल इंडिया होगा।

काले धन का देश में बहुत बड़ा बाजार है। लोगों ने घरों में इकट्ठा कर रखा है। बहुत जरूरी है कि ये रुपए सर्कुलेशन में आएँ। खुद से ही सवाल-जवाब करते सुधीर को तभी माँ का रेडियो याद आ गया कि कैसे उसके कवर के अन्दर माँ ने कई नोट छुपाए थे और इंटर में कोचिंग की पहली किस्त के लिए दिया था, लेकिन वह इन सब पर सोचना नहीं चाहता था।

सुधीर के सीनियर का फोन था, 'किसी को तुम्हारे घर भेज रहा हूँ। जरूरी क्लाइंट है, ध्यान देना।'

रात में जो घर पर आया था, वह सचमुच खास आदमी था। उसके स्कूल में ही सुधीर ने पढ़ाई की थी। वे विधायक साहब थे। उनके पास दो बोरे थे। सुधीर इशारा समझ गया।

रात में दोनों बोरे उसकी छाती पर रखे हुए थे। सपने में नहीं, सचमुच में नोटों की गड्डी में तब्दील करना था। सुधीर बचपन में अच्छे चित्र बनाता था। उसको रंगों में रंग मिलाकर नये रंग बनाने का शऊर था लेकिन काले को सफेद बनाने का काम उसे पहली बार मिला था। उसने सारी मेहनत और महारत काले को सफेद बनाने में लगा दी। और कुछ दिनों की मेहनत से दो करोड़ रुपए सफेदी से चमकने लगे।

इस बीच काला धन कितना मिला, कितना नहीं, इसका कुछ भी खुलासा नहीं हुआ। काले धन का मुद्दा डिजिटल इंडिया में बदल गया। रिजर्व बैंक भी कुछ कसमसाने लगा। पता चला कि जो रुपया पड़ोसी देशों में था, उसकी वापसी ही नहीं हो पाई। जिन बड़े नोटों को लेकर बड़ी-बड़ी बातें हुई थीं, उससे

भी बड़ा नोट छप गया था। उसमें भी धारक को वचन दिया गया था। बस, वह नोट इतनी हड़बड़ी में छपा था कि लोगों के बीच में जाते ही पसीना छोड़ देता था। उनका गुलाबी रंग पसीज जाता था।

सुधीर भी कुछ कसमसाने-सा लगा था।

नोटबन्दी के समय से ही बुआ बीमार चल रही थीं। गाँव में खूब जाड़ा पड़ा था। नवम्बर से जनवरी तक सूरज नहीं निकला। धुन्ध खत्म होने का नाम नहीं ले रही थी। गाँव से चाचा का फोन आया था कि बुआ बीमार चल रही हैं।

ऐसी खबरों का कुछ खास मतलब नहीं था। आशय यह था कि दो बार डॉक्टर को दिखा लिया है लेकिन आगे दिखाने का जिम्मा अब तुम लोगों का है। बुआ के हिस्से कोई खेत तो था नहीं जिसके एवज में कोई सेवा-पानी करे।

लेकिन काम का बहुत बोझ था। रोज ही क्लाइंट आ रहे थे। इतना काम एक साथ था कि वह खुद चकित था। उसे लग रहा था कि यह पूरा सीजन उसी के लिए बनाया गया है। ठंडा सूरज तपने लगा था लेकिन उसे सिर उठाने की फुर्सत नहीं मिली।

रात चाचा का फोन आया था कि लग रहा है, अब बुआ नहीं बचेंगी। सुधीर का दिल नहीं माना। उसने अगले दिन की फ्लाइट ली। सीए बनने के बाद यह गाँव की उसकी पहली यात्रा थी।

गाँव में बुआ से मिलने से पहले रास्ते में वह कई लोगों से मिला। कुछ से मिलकर अच्छा लगा, जो उसके सीए बनने की बधाई दे रहे थे लेकिन ज्यादातर का रोना-धोना ही चल रहा था : 'भइया, इस बार बीज के लिए टाइम पर पैसा नहीं निकाल पाए...।'

'भइया, बड़ी उधारी करनी पड़ी...।'

चाचा अपना ही दुख सुना रहे थे।

किसी के यहाँ शादी पड़ने पर उसके साथ क्या हुआ, तो कोई नौकरी

छूट जाने पर बम्बई से कैसे खाली हाथ लौट आया...तो कैसे किसी का छोटा-सा कारखाना बन्द हो गया—गाँव में हर किसी के पास कुछ ऐसा ही दुखड़ा था।

सुधीर अब उकता रहा था। राष्ट्र-निर्माण में थोड़ी आहुति तो देनी ही पड़ती है। सुधीर कुछ आँकड़े बता रहा था। प्वाइंट इतना और प्वाइंट इतने से अर्थ-व्यवस्था पर असर पड़ा...लेकिन गाँव-गवनई के लोगों को आँकड़े कहाँ समझ आते हैं। उनका तो नोटबन्दी को लेकर रोना-धोना ही मचा हुआ था।

बाजार से गाँव और गाँव से घर पहुँचने में उसे दो घंटे से ज्यादा समय लग गया। बुआ बहुत कमजोर हो गई थीं। शायद अकेले रहते-रहते उनकी इशारों की भाषा, स्पर्श की भाषा मर चुकी थी। सुधीर बुआ के करीब बैठा। बुआ ने उसको छुआ। सुधीर का गला भर गया। बुआ का शरीर गल गया था। इतने कमजोर हाथ, इतना कमजोर शरीर—सुधीर का दिल बैठ गया।

उसे कुछ याद आया और थोड़ा गुस्से में वह कहने लगा, 'अरे तुमने बड़े डॉक्टर को क्यों नहीं दिखाया? पैसे रखकर बुआ, क्या करोगी?'

बुआ उसकी ओर सूनी आँखों से देख रही थी। उसकी कमजोर धँसी आँखों से एक पतली धार बह रही थी।

इशारे की उस भाषा ने भी बुआ का साथ छोड़ दिया। अगले दिन उन्हें खाट से उतार दिया गया।

बुआ की मृत्यु के साथ हर सामान भी जैसे मर गया हो। वैसे भी बुआ का कमरा तो मरी हुई चीजों से ही भरा था। चाची बड़ी तेजी से चीजें पॉलिथीन में भर रही थीं। बाहर लोग आ गए थे।

सुधीर कमरे में बुआ की चीजें छूकर देख रहा था। उसका ध्यान कैमरे की ओर गया। ब्लैक एंड व्हाइट कैमरा। सुधीर उसको निकालने लगा। उसके पीछे वाली जिप उसने जैसे ही खोली, उसका दिल धक-से रह गया।

पाँच सौ, दो हजार के कुछ रुपए एक पतली-सी पन्नी में लिपटे पड़े थे। गिनने पर पूरे पाँच हजार निकले। उस पर डी. सुब्बाराव की साफ लिखाई के दस्तखत थे।

सुधीर ने उन रुपयों को कैमरे के साथ अपने बैग में रखा और बाहर आ गया। जून का सूरज अपने तपन से हर चीज को पिघला रहा था। कारज करने के लिए उसने छह हजार रुपए चाचा को पकड़ाए।

पसीने से मिलकर दो हजार के नोट का गुलाबी रंग पिघल रहा था। वही उसकी उँगलियों में जाकर लग गया। सुधीर को इस रंग में रक्त की गंध जैसा कुछ लगा और उबकाई आ गई।

हिन्दुस्तान का दिल

दोनों की उँगलियाँ एक दूसरे में बँधी थीं। लड़के की लम्बी-पतली उँगलियाँ और लड़की की हल्की मोटी और छोटी उँगलियाँ। जैसे एक ठेले पर खीरा और ककड़ी दोनों लदे हों! लड़के ने बड़े प्यार से लड़की की आँखों में देखकर एक शेर पढ़ा :

पढ़ लिये मैंने उलूमे शर्को-गर्ब
रूह में बाकी है अब तक दर्दो-कर्ब

इकबाल का शेर पेशे नजर है :

'किसी दिन तुम कुटाओगे।'

'फिर कूट के लोग क्या बनाएँगे—हिन्दू? फिर तो बढ़िया है। कोई दिक्कत नहीं। फिर कहेंगे—ताजा-ताजा हिन्दू ले लो...।

'पता है, मेरी बुआ की बेटी अपने प्रेमी को पगलवा ही कहती है।'

'तो क्या तुम मेरा भी नाम पगलवा रखनेवाली हो?'

'बेटा, तुम्हारे अब्बा को पता चल गया तो मस्जिद ले जाकर झाड़ू से इश्क का भूत उतरवा देंगे। अभी तो नाटक की रिहर्सल के लिए आ जाते हो, बाद में तो सब्जी मंडी में ही नजर आओगे। फिर कहना—आलू ले लो, प्याज ले लो...'

'कौन डरता है पिटने से?' यह बात हर बार कहता वह बड़ी अदा से है लेकिन उसकी आँखों में घर में मचा कोहराम तैर जाता है।

आठ भाइयों में चाँद सबसे छोटा है। डील-डौल से भी। बहुत ही नाजुक। जैसे माँ ने दुनिया को अलविदा कहते समय अपनी सारी नफासत उसे थमा दी हो! कहने को वह दुर्रानी था लेकिन न कहीं से वह डील-डौल, न ही वैसी जोशीली जबान।

'अपने हाथ देखो तुम। ऊपर से अपनी उँगलियाँ। सच में यार, ये किसी कलाकार की हैं। किसी जमाने में तुम्हारे पुरखों ने तलवार थामी थी, तुम तो उठा भी नहीं सकते। तुम तो हकदार ही नहीं हो कि तुम्हें कोई दुर्रानी कहे।'

चाँद हँसते हुए जवाब देता, 'तो क्या लिख दूँ, चाँद सोनी या चाँद पाहवा?'

इन दिनों शहर का रंग मोहब्बत है। सेमल का पेड़ इस मोहब्बत में शामिल था। जब कलियाँ होतीं तो पत्ते नहीं और पत्ते होते तो फूल नहीं। छह पत्तों की छतरी बनाकर पूरा पेड़ सबमें जुदा था। तेज तपती दोपहरी में वह पेड़ फूलों को टपकाता खड़ा रहता था और ठीक उसी के पास रिहर्सल करनेवाली वह जगह थी : एक पुराना-सा सभागार या फिर दो कमरों का मकान। वहाँ की सीलन लगी दीवारों पर नमक नहीं झरा था, हल्की-सी काई लगी थी। हर जगह ऐसी कि उगने को तैयार खड़ी हो।

उस ओंदी-सी जगह में शहर की वह जमात आती थी जो शहर से थोड़ी जुदा थी। वे अपने नाटकों से अलग ही रूप धरकर अलग ही बहस छेड़ देते थे। उनके लिए शहर न तो हिन्दुओं, मुसलमानों और सिक्खों में बँटा हुआ था और न ही मुहल्लों में। उन्होंने अपना मुहल्ला बनाया था और वे जहाँ भी जाते थे, अपना मुहल्ला बसा लेते थे। कभी पोपलर के किनारे बहती नहर के पास पहुँच जाते और हल्की-सी लहराती लहरों पर कोई गाना छेड़ देते। चाँद तो कैडबरी के टाइटल गीत 'कुछ खास है हम सभी में' कहकर छपाक से पानी धारणा के मुँह पर फेंक देता। नहर के किनारे इकलौता चायवाला भी अदरक कूटते-कूटते कविताएँ और शेर सुनाने लगता।

शहर रूमानी तो नहीं था लेकिन दर्जन भर वे आँखें रूमानियत की बारिश

में भीगती और इश्क की धूप में सिंकती थीं। उनकी बेपरवाही ही थी कि वे पाँवधोई नाले को नदी कह देते थे। उस शहर की किसी दीवार को उम्मीद का नाम देते, तो लकड़ी बाजार के काठ के कंगन और काठ की कटोरियों पर हुई पच्चीकारी को हिन्दुस्तानी तहजीब की मिसाल बताते हुए किसी नृविज्ञानी की तरह जिरह करने लगते थे। यह वह वक्त था जब शेयर मार्केट में दो दूनी दस चल रहा था, लेकिन वे तो अब भी लकड़ी के पुल पर खड़े होकर आती-जाती रेलगाड़ियों से दुआ माँगते थे।

यह शहर है कि जानेमन हिन्दुस्तान! आधे सिख, आधे हिन्दू, और आधे मुसलमान। फिर गुगाल का मेला। उसके पहले घर-घर जाकर जोहारवीर के झंडे लेकर लोग ढोल बजाते हैं, फिर नौगजा पीर।

चाँद को जब से सोनी से प्यार हुआ, उसे अपने शहर की हर चीज से प्यार हो गया था। हाट-बाजार से लेकर निहारी का ऐसा बखान करता मानो हिन्दुस्तान का दिल सहारनपुर में और यह शहर उसकी सोनी में, और सोनी उसके दिल में खिलखिला रही हो!

तेरे इश्क में कुछ भी कम नहीं है, किसे फिक्र थी ब्रांडेड कपड़ों की! यहाँ तो जनाब, यह गैंग फटे कपड़े भी पहनकर घूम ले तो लोगों की निगाहें टँग जाती हैं। और फिर धारणा तो गजब की जिद्दी थी। उसे पता था कि घर से अगर पैसा मिलना बन्द हो जाए तो भी मंगल बाजार से लाए हुए टुकड़ों को जोड़कर पूरी चाँदनी बुनी जा सकती है।

लुधियाना, पानीपत से आया माल बाजार में अटा पड़ा रहता है। गली-गली कपड़ों की दुकान। मंगलवार का दिन औरतों के लिए किसी त्योहार से कम नहीं है यहाँ। बाजार लगा नहीं कि औरतें शुरू हो गईं। किलो के दाम में कपड़े, पीस के हिसाब से कपड़े! औरतें चुन-चुनकर, मिलान कर-करके कपड़े लेती थीं। कौन-सा टुकड़ा कब कहाँ काम आ जाए! सिलने के बाद अन्दाजा लगाना मुश्किल है कि पूरा पहनावा मात्र सौ या दो सौ रुपए में तैयार हुआ है। अजब-गजब है यह बाजार। सिल्क के गोटे, तमाम तरह की जरी, क्रोशिया की लेस, सटल की मजबूत बेलें—जो चाहें, वह सब मौजूद है।

धारणा यानी सोनी को बहुत मजा आता था इस बाजार में घूमते समय। बस, चाँद के घर जाना होता था और जाकर उसकी बहन को पटाना पड़ता था कि ऐसा सिलना, ऐसा सिलना कि बस...।

'शादी का मतलब—साथ कपड़े धोएँगे, खाना बनाएँगे, घर सजाएँगे।' चाँद अक्सर ही सोनी से कहता था, 'और उसी जगह, फिर शहर में आग लग जाएगी, दंगा हो जाएगा।'

इतिहास के प्रोफेसर और नाटक में भी प्रोफेसर का किरदार निभानेवाले प्रो. शर्मा उन्हें समझा रहे थे, 'तुम लोग यह बेवकूफी मत करो। वैसे भी शादी-ब्याह के बाद कुछ बचता नहीं।'

चाँद और सोनी जोर-जोर से हँसने लगे, 'अरे सर, आप भी डरते हो? कहाँ तो डायलाग–मोहब्बत जिन्दाबाद–और कहाँ घबरा रहे हो! शादी ही तो करना चाहते हैं। अब क्या करें, घरवाले बाहर आने-जाने देने से रहे। इससे पहले कि वे हमारी शादी कहीं और करें, हम पहले ही शादी कर लेते हैं। शादी हो जाएगी तो यही कहेंगे कि पहले से बर्बाद थे, और बर्बाद हो गए।'

'तुम लोग हर चीज नॉन-सीरियसली लेते हो।'

चाँद और सोनी ऐसे ही थे। चाँद ने उसी रात सोनी को एक लम्बी चिट्ठी लिखी। यह उसकी पुरानी आदत थी। एक ही शहर में रहकर तकरीबन रोज मुलाकात होने के बाद भी वह खत लिखता है : 'हम लोग साथ कपड़े धोएँगे, 'बाजार साथ में सब्जी लेने जाएँगे। तुम आटा गूँथना, मैं रोटियाँ सेंकूँगा। सुबह की चाय मैं बनाऊँगा। तुम मिद्दे के यहाँ से पापे ले आना। अब पापे को एक साथ दाँत से तोड़कर आवाज करेंगे।'

चाँद जैसे बचपन का वह हिस्सा जीना चाहता हो जो उससे बहुत पहले गुम हो गया था।

मगरिब की नमाज से लेकर रात की नमाज तक उसका काम अब्बू के साथ सब्जी-बाजार जाना होता था। उसे फुर्सत ही नहीं मिलती थी। बस, एक बार

उसे मौका मिला था मोहल्ले के नसीब भाईजान से मिलने का, जो थियेटर के पीछे पागल थे। उनको देखकर अब्बू पालक की तरह सड़ जाते थे। उनका बस चलता तो नसीब को मोहल्ले से निकलवा देते लेकिन जोर नहीं था, क्योंकि स्कूल-कॉलेज जानेवाले लड़के नसीब के दीवाने थे और औरतें भी न मालूम क्यों, अपने लड़के-लड़कियों को घर-बाहर का काम सिखाने की बजाय नाटक सिखलाने में मशगूल रहती थीं।

बहरहाल नसीब भाईजान ने ही उसे पहला रोल दिया था। रोल था एक बच्चे का, जो एक लड़के का प्रेमपत्र उसकी प्रेमिका को पहुँचाता था।

एक दिन लड़की के घरवाले लड़के को पकड़ लेते हैं और उसकी पिटाई करते हैं। चाँद ने वह रोल इतना बखूबी किया कि दर्शकों की आँखें नम हो गईं। वैसे पकड़े जाने पर चाँद को सचमुच लगा कि अब लोग उसे और लड़की को अवश्य मारेंगे। वह सचमुच माफी माँगने लगा।

'इंशाअल्ला, तुम्हारा लड़का गजब का कलाकार है।'

चाँद के अब्बा ने कहनेवाले को तो कुछ नहीं कहा लेकिन घर में तूफान खड़ा हो गया। बदले में चाँद मियाँ की सचमुच अपने पिताजी से पिटाई हुई और उन्हें बचाने कोई नहीं आया। लेकिन नशा तो चखा जा चुका था। अब तो बाहर जितनी शोहरत मिलती, घर में उतनी पिटाई, उतनी लड़ाई। वक्त के साथ अब्बू ने मार-पिटाई तो बन्द कर दी लेकिन बोलना ही छोड़ दिया था।

चाँद शहर के हर नाटक का मुख्य किरदार होता। कभी वह वर्दी पहने कोर्टमार्शल के कठघरे में खड़ा कोई सैनिक होता, तो अगले ही किसी नाटक में वह चार्वाक बनकर सनातनी परम्परा पर प्रश्न खड़े कर रहा होता।

धारणा नाटक में कभी बैकग्राउंड में आलाप गाती तो कभी अमृता प्रीतम बनकर इश्क का नाम दुहराती थी। कभी वह लटिया की छोकरी बन जाती तो कभी नसीमन बनकर तीन तलाक के बहाने खुद 'तलाक-तलाक' कह जाती थी।

उनके नाटक सिर्फ अलग-अलग विषय नहीं थे, न ही अलग-अलग किरदार। हर किरदार में उनके सोचने-समझने का एक नया आयाम जुड़ा होता था।

लकड़ी का पुल टूट गया, और रंगमंच की इमारत ढह गई।

लोगों ने उसे झूठ बोलने के लिए धमकाया था। वनिता ने मन-ही-मन गहरी साँस ली, लेकिन आग तो लग ही चुकी थी। अब किसे फर्क पड़ता है कि उसकी चिनगारी झूठ से फैली थी! उसके लिखने-कहने से कहाँ फर्क पड़ता है। वैसे भी जरूरी नहीं कि वह खबर भी इतनी जोर-शोर से चले जितनी झूठ की खबर चली थी। टीवी पर सिर्फ एक पट्टी चली कि लड़की ने तथाकथित दबाव की बात कही है। उसका सरदर्द बढ़ता जा रहा था। लग रहा था कि दिमाग के एक हिस्से में गर्म लावा बह रहा है और उसकी चौंध आँखों के आगे बार-बार आ रही है। अचानक उसके जेहन में एक चेहरा कौंधा। लगा कि किसी ने उसकी आँखों पर ठंडी पट्टी रख दी है। वह पूरे दस साल बाद दुबारा इस शहर में आई थी।

उसके साथ बैठा कैमरामैन जीवेन्द्र नया-नया इस पेशे में आया था। वनिता को वह अपने अनुभव बता रहा था :

'यहाँ तो चारों तरफ लव-जेहाद की बातें हैं। कॉलेज के बाहर, कोचिंग के बाहर पुलिस की गाड़ी चक्कर काटती रहती है। लड़कों की खैर नहीं है—खास तौर पर मुसलमान लड़कों की। ऐसा लग ही नहीं रहा है कि हम आजाद हिन्दुस्तान में रह रहे हैं। जानती हैं, कल मैं पार्क के पास खड़े होकर अपनी एक दोस्त से बात कर रहा था, तभी वर्दी में एक महात्मा आए। उन्होंने मेरी दोस्त से पूछना शुरू कर दिया—हाँ बेटा, ये कौन हैं? आप शाम को घर क्यों नहीं गईं?—उसने झिड़क दिया। बोली—क्या मतलब अंकल? मैंने तो आपसे कोई शिकायत नहीं की। दोस्त है मेरा, हम बात कर रहे हैं।—फिर वह मेरी तरफ घूम गया—क्या नाम है तुम्हारा? कहाँ पढ़ते हो?—मैंने बताया—भाई, मैं प्रेस से हूँ, जीवेन्द्र नाम है।

पुलिसवाले का रुख नरम पड़ गया—'अरे तो भई, तुम लोग सड़क पर क्यों खड़े होकर इतनी देर से बात कर रहे हो? भले घर के लड़के हो। इतना बड़ा बाल रखा है और दाढ़ी भी मुसलमानों जैसे बढ़ा रखी है। मुझे लगा... आजकल लौंडे बहुत टहल रहे हैं... समझ ही रहे हैं आप...'

मेरी दोस्त उसके ऊपर खूब चिल्लाई कि 'अंकल, बहुत हो गया। आप

अपने घर के लड़के-लड़कियों को ये सब समझाएँ।'

पुलिसवाले को अगर यह नहीं पता चल गया होता कि ये खाते-पीते हिन्दू घर से हैं तो वह मुझे पक्का पीट देता। दाँत पीसता हुआ वह वहाँ से चला गया।

जीवेन्द्र की बातें सुनकर वनिता की घबराहट और बढ़ गई। उसके दिमाग में सिर्फ एक नाम बार-बार आ रहा था कि किसी तरह चाँद और सोनी को देख ले। रह-रहकर कई आशंकाएँ उसे घेर ले रही थीं।

सोनी और वनिता ने महाराज सिंह कॉलेज से पढ़ाई की थी। यहीं पर उसे वह प्रोफेसर मिले थे जिनकी क्लास में उन्होंने जाना कि तैरूत-जबूर-इंजिल एक ही बात के कई अर्थ हैं। यहीं पर उसने जाना कि हिन्दू और मुसलमान का बन्धन इतना जटिल नहीं कि एक दूसरे को समझा न जा सके।

वनिता को शहर से निकले कई साल हो चुके थे। पुराने फोन-नम्बर कब के गुम हो गए थे। प्रोफेसर शर्मा को कैंसर लील चुका था। उसने कई लोगों को फोन किया। उससे कुछ भी पता नहीं चला। तभी कहीं से पता चला कि धारणा पठानपुरा में रहती है।

पठानपुरा की गलियों को वह खूब पहचानती थी। उस सँकरी-सी गली में दोनों ओर नालियाँ खुली थीं। उसी के किनारे दो बहनें, जिन्होंने कभी दहेज न देने की कसम खाकर दुकान खोली थी, अपनी दुकान में खड़ी रहती थीं। संघर्ष और जीवन का एक बड़ा हिस्सा जैसे एक डमी में कैद होकर वहीं ठहर गया हो। उससे थोड़ी दूर बड़ा-सा मकान था।

वनिता ने मन-ही-मन राहत की साँस ली, तो धारणा यहाँ रहती है! खिड़की के ऊपर एक चिक लगी हुई थी। दरवाजे से अन्दर जाने पर पता चला कि यह मकान नहीं, मुहल्ला मकान है। तलघर से लेकर दुछत्ती तक किरायेदार रहते हैं।

'धारणा यहीं रहती हैं?'

'जी, ऊपर।'

और ऊपर जाने पर पता चला कि सीढ़ी से कट करके जो सीढ़ी नीचे उतरती है, वह दुछत्ती में जाती है। धारणा वहीं रहती है। एक छोटा-सा कमरा

जिसके किनारे एक स्टेजनुमा जगह बनी थी। बस, सहूलियत यह थी कि कमरे में एक बड़ी-सी खिड़की थी जो बाहर की ओर खुलती थी। उस पर एक चिक डला था। ट्वायलेट-बाथरूम नीचे शेयर्ड था।

दोनों दस साल बाद मिल रही थीं। गंगा-जमुना में तब तक न मालूम कितना पानी बह चुका था।

'तुम परेशान न हो जान, मैं यहीं रहती हूँ और बिलकुल सही-सलामत हूँ।'

'चाँद कहाँ है?' वनिता ने सिर्फ डरते-डरते इतना पूछा। उसका दिल घबरा रहा था। बहुत दिनों से बुरी खबरें सुनते-सुनते सवालों की शक्ल में कुछ भी पूछने और जवाब देने से ही दिल की धड़कनें बढ़ जाती थीं।

धारणा ने हलके-से हँसते हुए कहा, 'डरो नहीं, सब्जी मंडी गया है। शाम तक वापस आ जाएगा।'

'अरे, चाँद मंडी में काम करने लगा?'

'तो क्या करता, दुर्रानी तलवार चलाता?'

हमेशा की तरह चाय चढ़ा दी गई थी। कमरा ऐसा लग रहा था, जैसे दो लोगों के एक साथ कब्र में लेटने की जगह हो! थोड़ा और उचकी तो छत से सिर टकरा जाएगा।

धारणा ने दो-तीन वाक्यों में पिछले दस सालों का सिलसिला रख दिया, 'हमने कोर्ट मैरेज की। घर ने पूरी तरह से निकाल दिया। चाँद के घरवाले निकाह चाहते थे। मैंने वह भी नहीं किया और उसके अब्बू तो पहले से ही हमसे चिढ़ते थे। उन्होंने कुछ भी देने से मनाकर दिया। मेरे घर से भी कोई सहारा मिलने का सवाल ही नहीं था। हमने सोचा कि बच्चों को नाटक सिखाएँगे लेकिन वह बहुत दिन चला नहीं। शहर बदल चुका है। शर्मा जी की कैंसर से मौत हो गई और जो बाकी दोस्त थे, वे मुम्बई चले गए।

'हम लोग मुम्बई नहीं गए। चाँद की भी जिद थी और मैं भी सोचती थी कि यहीं रहकर इस शहर में काम करेंगे, लेकिन हालात बहुत बदल गए हैं। अब मोहब्बत लव-जेहाद कही जाती है। देखो न, हम रोज सोचते हैं कि इस पर नाटक लिखेंगे लेकिन अब थियेटर करनेवाले लोग भी हिन्दू-मुसलमान हो

गए हैं। ग्रुप के कई लोग इधर-उधर हो गए। अंशुमान तो ड्रिंक करने लगा।'

'तुम तो पहले ही ग्रुप छोड़कर जा चुकी थीं। और बताओ?'

तभी बाहर एक वैन की पी-पी सुनाई दी। 'अरे, मेरी बेटी आई होगी स्कूल से।'

'सलामवालेकुम आंटी,' कहकर एक छोटी सी बच्ची आ गई।

'वालेकुमअस्लाम, तो आप कौन हैं?'

'हम सारा सोनी हैं।'

थोड़ी देर में चाँद आ गया। वही पुराना अन्दाज, उधड़ी-सी जीन्स और एक हल्की झर-सी गई टीशर्ट पहने। हमेशा की तरह मुस्कुराता हुआ। मोहब्बत के इस रंग में घर की माली हालत भले खराब हो लेकिन दिल की दौलत उतनी ही मालामाल थी।

वनिता जैसे चाँद से कहना चाहती हो, यहाँ रहता है हिन्दुस्तान का दिल। यह खयाल आते ही इस जलते शहर की तसवीर पर मानो किसी ने ठंडा पानी छिड़क दिया हो और उसके दिमाग में बहता लावा ठंडा-सा हो गया। ऐसा लगा, जैसे नैसोडाम की गोली उसके दिमाग में घुल रही हो और दिप-दिप करता उसका दिमाग शान्त हो रहा हो!

●●●